大夏书系·语文之道

自由呼吸的课堂

董一菲的语文教学艺术

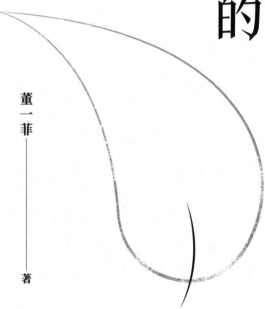

董一菲 著

华东师范大学出版社
ECNUP
全国百佳图书出版单位

目 录

第一辑
追寻诗意语文的芳华

- 诗意语文之道 003
- 汉语，诗意化的世界 010
- 发现语文的诗意 013
- 追寻诗意语文的芳华 019
- 让语文课充满诗意和感染力 030

第二辑
把专业成长当作信仰

- 还语文以正大端然 037
- 把专业成长当作信仰 040
- 读书：看得见看不见的竞争力 046
- 醉在教书的时光里 053
- 语文素养二三话 060
- 感受语文之美 065
- 语文课应该有强烈的语言意识 072

第三辑 教学设计成就教师内成长

- 如何设计一节好课 _____ 077
- 课堂教学问题设计的"起承转合" _____ 084
- 《世说新语·咏雪》阅读教学设计 _____ 088
- "余光中经典诗句赏析"群文阅读教学设计 _ 091
- 古典诗歌教学微设计 _____ 099

第四辑 诗意演绎课堂教学艺术

- 李商隐《无题》教学实录及悟课 _____ 107
- 《雁门太守行》教学实录 _____ 129
- 《阳关雪》教学实录及悟课 _____ 145
- 《归园田居》教学实录 _____ 165
- 《子衿》教学实录及悟课 _____ 175

后记 诗意成长,感恩同行 _____ 199

第一辑　追寻诗意语文的芳华

诗意是我们这个民族的精神底色。重直觉,重体验,重感悟,使我们诗意地思维,诗意地栖居。

教育关注的是人的成长,而人心灵中最温暖、最柔软的地方自然属于诗。"诗教"是我们源远流长的传统。

诗意语文之道

真水无香，大道至简。诗意语文之道，缘心向情，聚焦诗意，激扬生命，着眼成长，其道在师生、在课堂，更在生活，张力弥漫，静水深流。

岁月不居，诗意丰盈。在语文教学实践中，我追求唯美与诗意，寻找创造与感动，力图弘扬浪漫与理想，三十载的"诗意语文人生"，努力地诠释着"美丽且永远不老的中文"！

一、诗意情怀：诗意语文的初心

"以爱的名义，用最美的语言和文字，积淀你们人生最美的灵魂！为此我愿时刻勤勉！——献给深爱我的和我深爱的学生"。这份爱的宣言，道出诗意语文的初心——诗意的情怀。诗意语文沿循教育的本质，重在唤醒诗意之灵魂，以教者之诗意情怀，融入生命精神感发，高扬诗意唯美浪漫，让教育彰显生命的尊严，激扬中有诗意的荡漾、心灵的回响，进而收获高贵和神圣，收获从容和优雅，收获成长和丰盈！简言之，诗意语文之道：以诗意情怀，唤醒诗意之灵魂，激扬灵魂之诗意。

这份诗意情怀，源自人生无字书，读城、读河、读人……；源自人生灿烂识字始，那一脉书香的濡染：生活和读书奠定诗意的人生。

这份诗意情怀，昭示师生对美的发现：一花、一云、一树、一语、一诗、一文……诗意无处不在。

这份诗意情怀，源于我1993年参加诗歌专题教学，教师、学生、诗歌三者诗意汇融，至2000年参加国家级培训，我从此由教学实践走向理论研究，"诗意语文"相伴至今。

这份诗意情怀，不仅外化为源于诗意、志于语文的教学追求，更为难得的是内化为一种自利利人、自益益人的人生境界！

二、诗意课堂：诗意语文的生命场

万物静观皆自得，静故了群动，空故纳万境。当心中有了诗意的追求，教师的教学行为就会在时间里诗意地成长，学生在课堂之上自然受到一种诗意的感化与影响。诗意语文教学，正是对"学生核心素养的渗透与培养，应贯穿于整个教育课程体系之中"的诗意践行，尤其是与高中语文课程标准中"语言建构与运用、思维发展与提升、审美鉴赏与创造、文化传承与理解"的四大核心素养，同应同求，同旨同归。诗意课堂是学生素养诗意淬炼、超拔的生命场，更是师生教学相长、共同发展的生命场。

1. 诗性诗教——诗意语文课堂的源头

中国是一个诗的国度，先秦之《诗经》《楚辞》、魏晋之乐府古诗、唐宋元之诗词曲，一脉而下，魅力无穷，历久弥新。从古老先民的第一次深情的吟唱——《诗经》开始，诗性因子就已注入我们的生命，诗性思维、诗教传承，浸润一代又一代中国人的精神与生活，诗意融通身、心、灵，诗意呈现于中国人的精、神、气！这是中国人诗意生活的源头，也恰是诗意语文课堂的源头。《毛诗序》云：正得失，动天地，感鬼神，莫近乎诗。诗的最高境界是读者与诗人之间达成心灵上的共鸣，诗意语文课堂传承诗性诗教之传统，要达成教师和学生之间，心灵诗意的对话与共鸣。

诗性思维，传递古老逻辑记忆。五千年的中国文学史本质上是诗史，这部诗史因《诗经》《楚辞》而创立"风骚"一脉，走过汉魏、唐宋、元明清，千回百转，摇曳生姿，越古及今，携带千百年深情、美丽、雄奇，融注诗意的理想与现实，在中华民族骨子里留下深深浅浅的印记。众所周知"熟读唐诗三百首，不会作诗也会吟"，余光中曾说"蓝墨水的上游是汨罗江"，诗性思维流淌于中华民族血液中，浸润着中国人的心灵。诗意语文课堂上，师生追溯这份诗性思维，穿越横亘千古的时空隧道，在文字、情境、思想上进行心灵的交流，感知诗歌中那代代相传的逻辑记忆。

诗教传统，传承古典文化精神。孔子说："不学诗，无以言。"以《诗经》为基础，源自儒家文化的诗教传统，在漫长的历史长河中，经由历代儒家经典作家解读，以诗化人，以文化人，薪火相传，长盛不衰。聚焦诗教传统，诗意解读国学经典，在诗意语文课堂上，我引领学生感受仓颉造字而"天雨粟，鬼夜哭"的那份诗意、神奇和非凡魅力；感受《诗经》中诗的清雅，经的深邃，以及那份历经千年、洗尽铅华的纯正无邪；感受唐诗、宋词、元曲中多彩的生命活力，以及那份思想内涵、人文精神和诗意情怀……在弘扬诗教传统的诗意语文课程中，感受中国文化血脉、文化气象和文化精神。

2. 诗心诗意——诗意语文课堂的灵魂

语文原本富有诗意，诗意是语文的自然属性。诗意语文的课堂是诗意氤氲的圣殿，是优雅美丽的合集，它顺乎文理、顺乎自然、顺乎纯真。语文是饱含诗意的，课堂是饱含诗意的，诗心诗意，一脉相承，本色本然，这便是诗意语文的课堂。以心灵唤醒心灵，以生命成就生命，诗心诗意是诗意语文课堂的灵魂，诗心为核，诗意外化，表里合一，贯穿诗意语文教学的每一个环节。

诗心诗意，融美入心。我曾说过："语文天生美丽，而美和诗意是我的初心。"这里的美在于美的教学语言、美的情思、美的文本、美的教学设计、美的师生对话……一言以蔽之,美在诗意地呈现。

诗心诗意,好课如诗。我在诗意对话系列之《好的语文课是一首诗》中,以诗心观课,诗意解读"好的语文课是一首诗",这里的"诗",是指那些在课堂上师生感受到的生命的绽放、灵感的闪亮,或者情感的激荡。

诗心诗意,守望理想。坚守汉语的诗性,唤醒生命的诗意,永葆教学的诗心,还原语文的诗意,这就是诗心为核,诗意外化,活力、张力、魅力弥漫的诗意语文课堂。

3. 语言之美——诗意语文课堂的品质

语言是民族心灵的回响,承载着民族文化不息的血脉。我曾说:"美丽的中文,是我们最美的母语,'汉魂唐魄'是我们母语的灵魂。"这正是对台湾著名作家龙应台"母语是灵魂的语言"诗意化的解读。诗意语文课堂一个鲜明的特色是追求唯美、诗性、纯正的诗意语言。教师的语言是教学的灵魂,语言表达是教学艺术中最为重要的部分,直接影响着学生的学习兴趣和教师的教学效果;在语文核心素养语言、思维、审美、文化中,语言是最低的门槛,也是最高的要求,从这个意义上说,核心素养的起点是语言,终点也是语言。

诗性唯美,诗情画意。课堂上,我以"诗意言语",让学生充分感受到诗意语文课堂的教学魅力,在潜移默化中走进诗意语文课堂这个色彩斑斓的世界。(1)优美的导入语言:以诗性优美、诗情浓艳的语言使学生获得文学的熏陶、审美的陶冶;(2)精美的解读语言:以精美诗意、本色细腻的语言引导学生走进文本、揣摩作品;(3)精致的对话语言:以精妙精彩、简约雅致的语言呈现师生的思维碰撞、心灵对话;(4)丰富的情感语言:以充满激情、感染力强的语言为学生提供诗意可感的情境、丰盈人生的情感;(5)睿智的点评语言:以机智敏锐、极富诗意的语言激活学生的思维、开启学生的智慧。它们构筑了诗意语文课堂唯美的语言体系。

诗意纯正,文质兼美。美国诗人佛罗斯特曾说:"一首完美的诗,应该是感情找到了思想,思想又找到了文字。……始于喜悦,终于智慧。"简言之,好的诗文，单有饱满的激情还不行，单有深刻的思想还不够，还必须借助于卓尔不凡的文字，方能尽展其神采风华。在《细雨湿衣看不见，闲花落地细无声》一文中，我将诗意化语言概括为富有诗意美、情感美、理性美、本色美、智慧美，倡导语文教师要让自己的语言焕发出绚烂至极的光彩。诗意语言之美，注重品质品位，贵在至真至纯，兼具形表美和内蕴美，既是形象的、富有节奏感的，又是集"情""理""思"于一体的。

4. 文化文脉——诗意语文课堂的底色

余光中先生在《听听那冷雨》中曾这样写道："杏花。春雨。江南。六个方块字……只要仓颉的灵感不灭，美丽的中文不老，那形象，那磁石一般的向心力当必然长在。"寥寥数语，道出的是先生心中的赤诚，那赤诚中有传统的追溯，有文化的传承，亦有民族的回响……鲁迅先生说："只有民族的，才是世界的。"诗意语文的源头是华夏民族的灿烂文化，是美丽的汉语世界，语文课承担着传播文化的历史重任，应该具有更为深邃而广阔的文化视野。在诗意语文课堂上，有文字之美、文韵之美、文脉之美、文辞之美、文风之美、文体之美、文化之美……全方位展现我们最美母语课堂的无穷无尽的魅力！

注重拓展，开发课程资源。早在1993年我就创造性地开展诗歌专题教学，"古今离别诗与古今离别观"（离别诗专题）、"千红一哭，万艳同悲"（《红楼梦》判词专题）等十八个专题，初显体系化、专题化、群文化的特点，并总结提炼出五步教学法；同时带动身边的师生大量读书，引进经典文学名著对教材内容进行补充和拓展，开设读书专题课和名著导读课，大胆探索开发课程资源。

追求三味，渗透中国文化。汉字的表意性，使它具有了非凡的魅力和灵动的美。每一个汉字都静静地散发着生命的芬芳和文化的气息。在汉字教学中追求三味——文学味、文化味、美学味，让鲜活的汉字跳跃在学生的生命里，用博大精深的文化去激荡学生的心灵。一个汉字、一则文化常识、一首诗……，在课堂上都如魔方般焕发人文色彩和文化内涵。

把握文脉，开阔生命视野。文脉是文学发展中最高级的生命潜流和审美潜流。在诗意弥漫的课堂上，老师与学生一同梦回先秦、汉魏、两晋、六朝、盛唐……，思接千载，与诸子百家对话，感悟古代圣哲的人生智慧，在《古诗十九首》的文化解读中感受汉末文人内心的感伤情调，感受他们在诗中个体生命的张扬，在探寻中华文脉中走进一个个真实、鲜活的诗意生命，使语文课具有了生命的厚度、宽度和广度。

5. 三情汇融——诗意语文课堂的建构

苏霍姆林斯基说过："没有一条富有诗意的感情和审美的清泉，就不可能有学生全面的能力发展。"诗意语文课堂建构着眼学生个性化的诗意成长，通过教师、学生、文本的三位一体、诗意汇融，达成教师诗意化的教与学生诗意化的学共赢共生，师生之间民主对话、诗意对话、和谐对话，追求语文教学中真善美的培育，丰盈诗意化的生命。

三位一体，共赢共生。诗意语文遵循大语文教育观，教师、教材、学生相伴相生，三位一体。从某种意义上说，教师就是学生人生的"摆渡人"，教材是渡船，又是诗意流淌、汇融的河流，承载着"摆渡人"与"渡者"，作为"渡者"的学生，在守望渡口的同时，更要领略河流的诗意，感悟人生的成长。而"摆渡者"摆渡的是人的素养，更是诗意的人生。语文教学的外延是文化，是历史，是生活，是审美，只有诗意汇融，才会有诗意天地里教师和学生的共赢共生。

三情汇融，诗意成长。佛祖拈花，迦叶微笑。语文教学亦是如此，要善发现，有会意，善于发现教材文本满载着的诗意、文化和情感，教师与学生心灵会意，传递诗意、理性和智慧。一瞬传情，一目传神，每一个诗意教学瞬间的背后都应该隐藏着诗意情感汇融的汪洋。就诗意语文教学而言，教师、教材、学生的三者互动是基础，更为重要的是"以情传情""以情动情"，让教师情、文本情、学生情"三情合一"，进而达到诗意情感的共鸣。

三、诗意生活：诗意语文的终极追求

"文章是案头之山水，山水是地上之文章。"（张潮《幽梦影》）诗意语文之道以"诗意生活"进入"诗意课堂"，再由"诗意课堂"走进"诗意生活"，在寻求、发现、丰富真善美的过程中，师生共同诗意地栖居，感受文本与生活的唯美与诗意，达到对语文诗意之美的超拔，形成一种人生信仰、追求和生活。

荷尔德林说："人充满劳绩，却诗意地栖居在大地上。"诗意的生活，是人生一种可贵而美好的姿态。引导学生学习最终目的其实就是教学生学会生活，尤其是诗意地生活。我以诗意的理想、爱的名义，写下诗意语文对学生的终极关怀：给学生一个文学的世界、一种悲天悯人的情怀、一颗善感的心、一个爱的信念、一个理性的世界、一种内儒外道的人生智慧以及最美的母语，努力让学生诗意地生活。

以理想滋润生命，以生命护持理想。仰望星空，脚踏大地，笃定执著，精进不已，引领师生走向生命的诗意和远方！

汉语，诗意化的世界

汉语的魅力在于那份弹性，那份张力，那份创造。

在"汉字的王国里"，记录的是创造的形态，那种日常的生活，那种充满了生命力的诗意。

每一个汉字，都不是一种定格、一种终极的表达。每一个汉字都富于声音、格调和感情的变化，组合成千种风情，万种情怀。

汉字的魅力又何止于那种"东边日出西边雨，道是无晴却有晴"的多情，又何止于"假作真时真亦假，无为有处有还无"的哲思。

五千年岁月的淘洗，不断地创造，不断地添加，不断地重生，不断地悟读，不断地成长，汉语已玲珑剔透，平平仄仄成诗，深深浅浅成民族精神的徽记。

"关关雎鸠，在河之洲"，"关关"是那样的明媚和清澈，带着自然界三月的暖阳的气息，带着初民最澄明的情怀。"关关"是鸠鸟的鸣唱，更是爱情的赞歌。

"噫吁嚱"是三个感叹词，又不是单纯的感叹词，因为它们属于李白，属于盛唐，属于高高的蜀道。仓颉造字凭借大天真与大浪漫，仰望宇宙，俯察内心，他画出了自然万物的模样，形似意到，而又轻盈舞动着"变化"，那么多的象形文字，像极了日月星辰，百鸟千兽，那么多的汉字抽象地表达着我们的心灵与情感，然后我们共同参与着汉字的创造，不断地注入我们的理解，使其成为绵延无尽的民族的精神血脉。

于是"噫吁嚱"便成了盛唐的浩叹,展现了唐诗的瑰丽与高度。

"莫听穿林打叶声",这是苏东坡的表达,汉语的形象蕴藉风流宛转暗示象征弹性,从此可以略见一斑。苏子被贬黄州,天高地远,画地为牢。他对汉语的感受、理解、创造性地运用,也是在这一阶段达到另一种巅峰。当俗世万丈红尘的大门关闭无法打开,苏子与汉语与心灵与文化的对话,大开大阖云蒸霞蔚。

但丁在中世纪的意大利人间地狱,苦苦地思索生命的意义和价值,思考罪恶与超拔,思考生与死,思考崇高与渺小。他语言的表达,自然是西方式的直抒胸臆,西方式的直白而深刻,西方式的富有力量与哲思。"走自己的路,让别人说去吧!"

在汉语里活得精彩、活得光焰万丈的苏子,此时,与大地、与一沙一叶共呼吸,共感共醉,抒情言志,有所寄,有所托,沉醉于汉语的魅力与弹性。

"莫听穿林打叶声,何妨吟啸且徐行。"

汉语让我们学会倾听感知,让我们敏感并因此获得活着的智慧、生命的尊严和润泽的心灵。

"吟啸""徐行",唱着歌赶路,慢慢地走,苏子用最美最形象最有表现力的汉语,告诉我们汉语是诗意的,生命是诗意的。

庄子用"相忘江湖"四个字写出了生命的境界,呈现了大浪漫和宇宙情怀。

无须记起,生命本该是轻盈的姿态,情感往往是最重的行囊。从此汉文化中有了和高高的魏阙相对的"江湖"。"江湖"多么辽远,多么浩瀚。荷尔德林说,"人充满劳绩,却诗意地栖居在大地上",已经是"减之一字则太短"的精湛表达了,可是面对庄子的"相忘于江湖"总显得太直太露太白太乏味太笨重。"江湖"是我们中国人的另一个生命场。

"红学"是显学,可是据说任何一个国家的语言也无法最大化地翻译出"红楼梦"的意蕴,这三个字所承载的是故事、人性、人生、文化与宗教。

那份青春的伤感,那份"庭院深深深几许"的寂寞,那份"陋室空堂,当年笏满床"的盛衰无常,那份"天尽头,何处有香丘"的落花的春之殇,那份"白茫茫大地真干净"的"色即是空",那份"反认他乡是故乡"的人生的局限……

"红楼梦"三个字是矣,这就是汉语的绝代风华。

作为一名语文教师,岁岁年年,我在每一节语文课里,引领着学生在汉字汉语里穿行驻足凝视感悟,我有一个宏愿:让我的学生拥有汉语这个诗化的世界,让他们可以用来安放心灵。

发现语文的诗意

在语文不断地被功利化、被技术化、被肢解、被扭曲、被现实的烟火烤灼得面目全非的时候,我想和大家聊聊我所追求并执著的诗意语文,一起发现语文的诗意。

我要用以下两种方式来描述诗意语文。

第一种描述:诗意语文就是诗意地理解语文。抵达语文的似锦繁华,路有千万条,我选择了一条叫诗意的路。我用诗意的方式理解语文,理解教育的过程,进而理解人生。诗意语文要给学生带来什么?"她"给学生带来的是一粒充满神性的精神的种子。诗意语文的特质就是温暖而有人情味,典雅而富有书卷气。如果说"人情味"三个字的重点落在"人"上,那么"书卷气"三个字的重点自然应该落在"书"上。用语文的诗意美好,塑造孩子人生的诗意与温度,将孩子的幸福人生作为教育的至高追求,而抵达幸福人生的重要途径便是诗意地阅读。

第二种描述:诗意语文崇尚真实自然、神韵天成,不束缚于"我执"和"法执"的课堂设计。"我执",是指教师对语文的一种单一的、自我的理解。一般而言,每位教师都会给语文课堂打上自己浓重的精神印记,但是绝不可以执著于这种印记,不可以变为"法执"。诗意语文有独特的课堂设计,但并非一成不变，而是生成的、动态的、成长的。教师追求"真"与"灵动"，追求课的境界，让课堂充满诗意、充满审美、充满执教者热烈的情感、充满孩子生命的成长。

如果一定要用几个关键词来概括诗意语文的话，我认为第一个就是"美"，美的魅力让人无法抗拒。曾去俄罗斯旅游，那里的美带给我的心灵巨大的震撼。不论是圣彼得堡的夏宫还是冬宫，它们都已不再象征彼得大帝的权势和野心，也不再彰显叶卡捷琳娜二世的攀比，它们给世人留下的是心灵的震撼，它们以美的姿态穿越时空。台湾大学有一位学者曾说："美是看不见的精神物体。如果语文课堂缺少了美，尤其诗意语文缺少了美，那么在一定程度上来说就缺少了灵魂。"所以，我觉得"美"是诗意语文极为重要的一个因素。

第二个关键词是"情感"，"以情感人"是语文课堂区别于其他学科课堂的一个突出特点。诗意语文更是追求一种热烈的情感。

第三个关键词是"哲思"，没有思想的课堂绝不美。如何在课堂上去呈现"哲理和哲思"呢？我觉得课堂中的"哲思"，应该用一种隐晦、曲折的方式去呈现，而不宜直抒胸臆地表达。课堂如果缺失了"哲理"，就缺失了深度，也就缺失了深入人心且持久的力量。

最后一个关键词是"爱"，没有爱的教育苍白而机械，没有爱就没有永恒，没有爱也就没有诗意的课堂。

我们民族的凝聚力从何而来呢？源自五千年源远流长、经久不衰的灿烂文化。我国是四大文明古国中唯一一个幸存至今的国家，我们拥有着最为悠久的历史与文化。从宗教的角度去观照，汉民族倡导的是"诗教"。在语文课堂上如果能够以诗为宗教，以美为宗教，这将是我人生的乐事。我甘愿做一位虔诚的传道士，向学生传布我的"诗教"。孔子在《论语》中曾提到"兴于诗"。"兴"就是起，"诗"就是我们这个民族的精神起点。那我们的精神终点是否也是"诗"？对此，可以这样理解：我们的哲学、科学到达最高境界的时候就会见到"诗"的光辉。

常言道"安身立命"，这是一种物质层面的追求，而诗意语文的使命则是安心立命。"此心安处是吾乡"是苏轼的愿望。在语文课堂上,让孩子们安放自己的心灵,将是诗意语文孜孜以求的一种境界。语文不仅要让孩子们安身立命,而且要让他们在安身立命之后,拥有一种胸怀即安心立命。我愿为此不懈努力!

同时,我愿和大家分享一些对我影响深远的语句。

第一句话:"语文像一棵大树,一方面向天上伸展,另一方面也向地下延伸。"向天空伸展的部分显而易见,可以称之为语文"有用"的部分。但是向地下延伸的部分我们是看不见的,可以称之为语文"无用"的部分。但是"无用之用乃为大用",它可以沟通情感,培养审美能力,涵养人的心灵。学习语文,便是学习典籍晕染开的谦恭礼让、敦厚庄重,学习汉字背后的魏晋优雅、江左风流。

第二句话:"人不能从理智方面找到安身立命之所,得靠情感,靠热爱。"理智是人们安身立命必备的因素。但是,真正的安身立命源于安心立命,要靠一种情感来支撑。而我们的诗意语文提供给孩子们的正是一种丰富的情感和执著的热爱。

米兰·昆德拉曾说:"只活一次等于未尝活过。"人生如逆旅,你我皆行人,我们只能活一回。但我们可以跟随伟大的灵魂、勇敢的心,一次次地去体验生的意义。我们在伟大的作品中无数次活过,这才叫真正活过。

海明威称巴黎是一场流动的盛宴,即使在文学艺术之都的巴黎,也有人感慨世风日下,人们不再尊重艺术,不再尊重诗。稍作关注,便不难发现,世界各国各民族都有这样的感慨。清代查为仁曾说:"书画琴棋诗酒花,当年件件不离它。而今七事都更变,柴米油盐酱醋茶。"这里有一种无奈,一种苍凉,一种嘲讽。同时,这也应该是警示的钟声。这声音更应该直击语文老师的心扉。我们的语文课上已经没有了"书画琴棋诗酒花"这种精神层面的审美,只剩下"柴米油盐酱醋茶"这种应试的格局,萎靡凋零,令人怅惘。

第三句话:"诗歌是不老的美。"我非常信奉朱光潜先生所说的:诗是语言的钻石,情感的铀。假如给语文初学者一把开门的钥匙,最好莫过于诗。诗歌是最高明的,它是生活中的奢侈品。基廷说:"诗歌、美丽、浪漫、爱情,这才是我们活着的意义。"我们出发得太久，已经忘记当初的目的。而基廷告诉我们的正是：生命中应该有诗歌、美丽、浪漫、爱情，这是我们活着的意义。

叶嘉莹先生说："诗就是人心的苏醒，是离我们心灵本身最近的事情，是从平庸、浮华与困顿中，醒过来见到自己的真身，真身就是自我。"在希腊神话当中，阿波罗太阳神庙的门楣上镌刻着这样一句话——"人们啊，请认识你自己"。我们怎样才能认识自己？叶嘉莹先生告诉我们，诗可以照见我们的灵魂，让我们认识自我。如果人一生当中，对自我的认识能够达到百分之六十以上，那么他离圣人、神人也就不远了。从这个意义上来说，语文教育在这方面应该有所担当。

雪莱说："同人生相比，帝国兴衰、王朝更迭何足挂齿！同人生相比，日月星辰的运转与归宿又算得了什么？"雪莱拿帝国与人生相比，拿日月星辰与人生相比。我们敬畏星空，其实我们更应该敬畏自己的人生和他人的人生，敬畏孩子的人生。

诗意语文不仅追求给学生留下精神印记，也注重核心能力的培养。

语文核心素养有四个元素：语言建构与应用，思维发展与提升，审美鉴赏与创造，文化传承与理解。诗意语文就是围绕这四个维度展开的。

首先，诗意语文对教学语言的要求比较高。有这样一句话："一位好的语文老师并不简单地把语言当作一个单纯的表达工具，独特的语言表达方式成为思维的路向与生命体验的精神符号。"正因如此，诗意语文的课堂语言要求有文学气质，既要站在书的高度上，还要渗透个人的理解，表达个人的情趣和品味，浸染独特的感觉体验和情感，点燃与激活诗性思维与生命激情，凝结成无形的精神。它要有一种浪漫主义和精神向度，要以一种高贵的姿态，坚守美的信念。

其次，诗意语文与人的境界密不可分。《宋史》里记载刘忠肃常用"士当以器识为先"来告诫自己的弟子，意思是说读书人应当把器量和见识放在最重要的位置。他没提才学也没提知识，而把"是不是士"作为衡量知识分子的第一标准。如果我们自己都不是士，怎能期望培养出具备"士"之精神的人呢？所以，我们要"以器识为先"，我们做人要做得有意境，有风姿。只有人生富有诗意，世界才能最终走向审美化。如果语文课不能胜任诗意的担当，那么我们的人生怎么去实现一种诗的意境？

　　再次，诗意语文与人的情商息息相关。卡耐基认为人的成功不取决于智商，而是取决于情商，情商占了成功因素的百分之八十左右。情商从何而来？同样源于语文教育中凸显诗意的那部分内容。《伊索寓言》中有这样一则小故事：一只猫爱上了一个年轻人，请求爱神维纳斯将它变成一个姑娘，让她得到年轻人的爱慕。维纳斯对猫动了怜悯之心，真的把它变成了一个美丽的少女。年轻人对她一见钟情，立刻把她娶回了家。猫感到幸福极了。这是有智商的一种表现。后来，维纳斯想检验一下猫是否已经改变了它原来的习性，就在她面前放了一只小老鼠。这是对情商的一个考验。此时，猫完全忘记了自己的身份，敏捷地从椅子上跳起来，扑过去抓住老鼠，一口就要吞掉它。维纳斯很失望，只得把她又变回了猫。江山易改，本性难移。猫虽然拥有了人的外形，却没能拥有人的情商，所以它终究只能是一只猫。这是精神层面上的一种缺失。

　　最后，诗意语文和中国传统浪漫精神是一脉相承的。中国传统浪漫精神讲究"灵性""灵气""温柔""静敬"，追求"无用之用"，追求百年大计，追求对世界作出圆融的解释。这也是诗意语文与中国传统浪漫精神相契合的部分。

　　此外，诗意语文与教育的四个维度——智力、意志、品德、气概密切相关。只有实现了这四个维度，才能完成诗意地栖居，完成人类精神的超化。而我们目前的语文教育，仅仅完成了对孩子智力的打造，却忽略了对他们意志、品德、气概的培养。我们应该在这三个维度有进一步的思考。

　　诗意语文有四义：文辞、抒情、想象和爱。诗意语文不能仅仅定位于诗，诗意的渗透与弥漫也绝不是诗歌元素的简单植入。诗的境界是浑融一体的艺术氛围，所以诗意语文应是不论讲什么内容都要富有诗意。

　　诗意语文的关键是什么？关键是读书！一个人的阅读史就是他的精神成长史，从他写的文字中就可知道他读过什么书，有着什么样的生活姿态。读书应是一种伴随终身的生活习惯，就像我们需要天天吃饭一样，我们也需要天天读书。关于读书，古人有这样的观点："只有变成读者之后才能变成学者。"怎样才能成为真正的读者？成为真正的读书人不是说要焚香净手，然后找一个舒适的环境开始今天的读书。真正的读书人，总是见缝插针、如饥似渴地读书。

再谈一下诗意语文的建构。

第一，诗意语文的文本解读追求充满诗性与哲思的个性解读。文本个性解读不仅是语文教师的看家本领，更是语文团队汲汲以求的目标，要在文本中读出别样的自我及文学的自我意识、自然、人生。我们读书时，既要读出最为大众化的、广博的内容，又要读出有个性的、有深度的理解。当然，我们不追求剑走偏锋，不是一定要表现出与众不同。此外，文本的解读也涉及问题的设计，要善于运用含蓄蕴藉、言在此意在彼的曲问。

第二，诗意语文的课堂美学特征是追求一种重峦叠嶂、花团锦簇的千姿百态之美。当然，这可能也是一种局限，毕竟每个人的讲课风格不同。

第三，诗意语文的课堂语言追求绚烂缤纷与沉静深刻相结合，简洁大方而又蕴藉深远。

第四，诗意语文追求的课堂境界是打通、圆融、和谐共生。一定要打通的是课堂界限，像高考作文，现在有一个大的走向，从较长远的阶段来看，就是由原来受题材限制到现在的题材不限的一个转变。那么语文课也是如此，要打通很多的界限，甚至文史哲的学科界限。然后是圆融，就是课堂教学要做到浑然一体，气质天成。和谐共生是指文本、教师、学生三者要实现和谐共生。

第五，诗意语文在课堂细节上，追求一种精致，一种意味，一种机智，一种生成。智慧生成的课堂，会让我们的孩子悟得更深、更透、更远、更广。

海明威说，巴黎是一座流动的盛宴。我想说：诗意语文是一座流动的盛宴。

追寻诗意语文的芳华

大约是在1990年的春天,做教师一年左右,我拿着笔发呆。我要写我教师生涯的第一篇教学论文或教育感悟。许许多多纷繁的思绪翻涌着,却无论如何不知从何书写,因为我有十万个缠绕而又模糊的问题。语文书薄薄的单单的,上课总是字词、段落大意、中心思想、写作特点这样的毫无生气的程序,我的心底有个声音——"这不是语文",却无法回答"什么是语文"。

我作为语文学习者的学习经历简单而美好:第一乐事是集中识字。在北大荒的冬夜,母亲为五周岁的我、三周岁的妹妹点亮如豆的油灯,人生灿烂识字起。那些汉字带着特有的声音、质地、颜色、表情照亮蒙昧,驱走寒冷。它们排着队滚滚而来,扑面而来,灿烂了心灵的大地与长空。母亲教识字,字不离句,句不离章,章不离篇,篇不离书。然后是"读出声音来",见到有字的书,有字的纸就读出声来。在上个世纪的七十年代,在穷乡僻壤很难寻到有字的书报,于是见字便读,就成了最初的习惯。

那时汉字之于我,从来都是有筋有骨,有血有肉,牵牵连连,缠缠绕绕。而语文课堂的所谓生字教学冰冷、坚硬、刻板、无趣,无外乎是中规中矩懂得音形义,教师的认知水平无法超越这个小小的范畴,更不敢越雷池一步。汉字缺少了造字法、文化、文字、审美的血脉,变得无精打采面目可憎。把优美的汉字抽离生命之美，然后塞给孩子们，这是语文课的第一大弊。

跟从母亲学语文的第二件乐事：读书，自由地无拘无束地读书。画本、杂志、小说，读者无疆。读书是我少年时代日月星辰般璀璨的时光，照亮了、丰富了、细腻了、远大了、辽阔了我的生命与时空。

初做语文教师，我掂量着那本薄薄的语文书无限地苦涩，我不知道这样几篇短文能给精神发育的中学生什么。但我知道仅仅靠这样的"语文"滋养孩子，他们的精神一定会贫血，会苍白……于是我开书单，大开书单。初中的孩子，他们开始了真正意义上的阅读。

在我仅仅做了一年教师的1990年，我拿着笔纸无限地惆怅、无限地感慨，写下了所有师范毕业生耳熟能详的那句话——"教材无非是个例子"，然后驻笔不能前。

"教材你也要质疑了！"一向爱护提携我的市语文教研员闫老师觉得又好气又好笑。

"我不是这个意思，我只是想换个例子……"我说不下去了。我真的想不明白，也真的无法把这么复杂的深奥的东西想明白。我只是从一个"资深"的语文学习者的角度想语文该怎么教，我真的是满心的困惑。

于是，我领着初二的孩子们办手抄报，油印的，一期又一期。我领着他们读书，一本又一本。我给他们批改周记，很多时候我写的批语都是长长的。我还让他们背唐诗宋词。我有点固执地教我心中的语文。校长很开明，家长很支持，学生很快乐。

在执教初中的最初四年里，语文的时光很美好，信马由缰，按照自己对语文的理解上语文课，混沌而充满想象力。

记得有一次要上一节区级的公开课，教陶渊明的《桃花源记》。冬天，大雪，奇寒，我当时住在租来的平房里，坐在火炕上，围着被子一遍又一遍读文本。感谢没有网络、没有教参的日子。我可以无障碍地直面文本，走进"晋太元中，武陵人捕鱼为业。缘溪行，忘路之远近。忽逢桃花林……"的那个语文的世界。

那是第一次把文本读出了文脉、文趣、文机……读出了教者"创作的冲动",特别想"艺术"地具有艺术感地去讲一篇文章,讲一节课。"如何设计问题?"这是一个大问题,又是水到渠成的职业之思。

在反复的考量中取舍,教学是"取"的智慧,更是"舍"的智慧,不可能面面俱到。讲什么,怎么讲,是"舍"的结果。文章太迷人了。"晋太元中",好一个虚则实之;"忘路之远近",好一个"忘",忘掉了红尘的机关营苟,自会抵达桃花源;"忽逢桃花林","忽"字写出惊喜、偶然,写出了不经意的美丽。

陶渊明的散文和他质而朴的诗歌相比,多了一份跌宕错落的情致。一遍又一遍读开去,寓言耶,童话耶,那么大的生命场,那么重的主题就在这娓娓地叙述中铺展开去。

多想和学生们沿着陶渊明的起起伏伏,柳暗花明的文字,走向"桃花源"。抚摸文字,凝望桃花源,用心贴近它。我抛弃了段落大意、中心思想和写作特点,我脱离了镣铐,让学生在文学里醉舞,那一次的尝试是成功的。

课毕,老师们说:"还不错。"

语文教学被装在了套子里,坚硬、冰冷、僵化,缺少温度,我们都在挣扎。

感恩牡丹江实验中学,那一片语文的天空,自由蔚蓝,可以让一位初出茅庐的年轻教师按照自己的心愿教语文,寻觅语文的美与诗意。

少年读书的时光,对语文的爱与直觉是我初为人师的教学底色。

语文给予人的应该是美好与诗意。买书或者从图书馆借书,静静地读书就是我精神的狂欢。教语文就是让学生们能够越陌度阡、蒹葭桃夭地感受那一个世界。

语文应让汉字复活,让读书变得诗意、美好。上个世纪九十年代初,初中的孩子还有足够的自由空间。他们还足够朝气单纯,在课堂上他们注视老师的眼睛是澄澈的闪亮的,写满了信任与尊重。没有互联网的时代,他们的心灵和书籍是那么近,城市化进程还没有铺天盖地的时候,他们与自然还有那么多的默契。那时的夜晚,天空中还有闪亮的星星。那时候的他们倾吐感情的主要方法还是书信与文字。

孩子陷入书籍的世界,那种成长让人心存神圣。

诗意语文是什么样的语文？我想为它作阐释推理，不想用逻辑规范它，诗意语文的筋骨血脉，不可能简单地定义，只能靠描述、直觉、感悟。

诗教是中国的传统，诗言志，温柔敦厚，哀而不伤，乐而不淫，诵之弦之歌之舞之。首先，诗意语文追求视野的广阔，拒绝单薄甚至简陋的语文。其次，诗意语文追求精神空间的开阔。在这里我们与伟大的灵魂，进行艺术人生的对话。最重要的是引领学生进入到审美的意境，超越简单的是非善恶，给予学生一个文学的世界，一种深情，一种辽阔的浩瀚。

诗意语文小荷初露，单篇的诗歌教学，不能满足高中学生的学习需求，开发课程已是弦上之箭，群文化、专题化是语文课大容量的主要办法。

1993年至2002年近十年的时间，我开设了十年的诗歌专题教学选修课。遵循朱光潜所讲，诗歌是语言的钻石、情感的铀，要培养纯正的文学品味必须从诗歌入手。从诗歌入手，中国古典诗歌将汉语表达得精致而美好。群文专题，在相互的对比映衬中体现了汉字的多义模糊、延展性和韧性，体现了汉字的美与风华。十年的积累，似乎对语文教学、对诗意语文已然有了深刻的感悟，但仍不能破茧而生。

2002年4月在《北方论丛》发表了第一篇文章《让学生诗意地存在》。教育为了人的成长，教育要关乎"人"的精神心灵。着眼点发生了根本性的位移，不唯分数，不唯教材，不唯语文的知识体系。我想让我的语文课有助于孩子的成长，有助于学生未来的人生。

十年的时光里，我在学校最大的阶梯教室给近千名学生上语文诗歌专题课，那是另一种精神的狂欢，我们摇曳在古诗里，我们游走在文字审美文化中，我们思考属于我们自己的生命尊严，这也许就是诗意语文。名著导读课，将一本又一本书介绍给学生，为他们打开一扇又一扇窗子。

诗歌专题不拘于中国古代，追求参差错落之美，融入西方诗歌、现代诗歌，偶尔也有西方绘画和古典音乐，追求诗情画意之美，浸润、沉醉、深思扑面而来。"让学生诗意存在。"语文天生诗意，语文的本质就是诗意，教育的本质就是诗意，教育就是让人从蒙昧走向灵智，让人从蛮荒走向文明，语文应该有所担当。

2001年在黑龙江省语文会上我上了一节诗歌专题课《比在诗歌中》，产生了强烈的反响——"语文课还能这样上"。2003年在黑龙江省诗意改革研讨会上，我又尝试上了一节小说课。沈从文的《边城》诗化的语言，美的意境，浓浓的感染力，学生们和教师的解读和创造，构成了诗意语文课堂的鲜明特征与个性。我为这节课准备了很久，可以上溯到我认识汉字的那天起。

2004年我代表黑龙江参加"语文报杯"全国中青年语文教师课堂教学大赛，我参赛的课题是《我的空中楼阁》。导入环节我用《论语》中的"贤哉，回也！"开始，课堂的结尾用莫泊桑的名言收束，用"三读"串线，用美的语言来表述，这节课荣获了一等奖，也建立了诗意语文课堂的价值取向，诗意语文有了明晰的指向。

2004年我的第一本教学手记《紫陌红尘拂面来》，呈现了诗意语文最原初的实践与思考。2004至2011年，坚持读书教书写书，一直在找寻语文中不息闪烁的诗意，追求美、追求灵魂的丰盈和感动。尝试不同的课型，不同的文体，尝试着一些有代表性的公开课，在北京、南京、上海、深圳、广州、西安、太原、贵州、昆明等50多个城市上语文公开课，诗意语文走向成熟。

2011年成立了诗意语文工作室，现在工作室聚集了全国各地900多位语文教师，诗意语文已从一个人的特色变成了更多人的追求。诗意语文已发公众号文章1300多篇，建构并丰富着诗意语文的内涵。

寻找语文的诗意与远方，诗意语文一直在育人的路上用爱、用美呵护学生的青春，去润泽激荡学生的生命。

诗意语文是教师与学生共同成长的生命场。诗意语文拒绝肤浅与庸俗。读书感悟，实践行走是诗意语文教师之所以拥有诗意的动力与源泉。

诗意语文工作室成立以来，共出版38本教育艺术类文集。诗意语文最低的门槛和最高的境界都关乎生命的姿态，追求诗意地栖居。

当语文行走在被异化、被丑化、被试题化、被妖魔化的边缘的时候，我们坚持汉语的诗意与美，坚持那一种云在青天、水在瓶的云淡风轻，追寻的是一种执著与坚信。

诗意语文让我与我的语文储存了温暖和感动。教书，最好的境界是让自己的生命存有诗意，不畏年华与风雨。

附访谈

诗意语文的诗脉文心

访谈嘉宾：
黑龙江省牡丹江市第二高级中学语文教师、诗意语文工作室主持人　董一菲
山东省临清市第二中学教师、市教学能手、省研修优秀学员　王泽宾
河北省泊头市第一中学教学副校长　王青生
黑龙江省大庆市第二中学语文教师　张显辉
黑龙江省牡丹江市第二高级中学语文教师　林　森
安徽省肥东县第一中学语文教师　谢发茹
黑龙江省大庆市第二中学高三（2）班学生　王静怡

一、诗意语文是怎样诞生的

记　者： 诗意语文是在什么背景下提出来的？

董一菲： 真正提出诗意语文这一理念，是在2009年。当时，和一批语文特级教师一起编著"名师成长丛书"，推荐人李震老师问，你的教学风格是什么？我一时语塞，思考之后便把我2000年时的一个说法"诗意语文"提了出来。也就是从那时起，我开始真正思考并且践行诗意语文这一理念。

语文本是诗性的，诗意本应是语文的特征，是语文人的追求。

记　者： 诗意语文的提出顺应了哪些需求？

董一菲： 诗意语文是言语的教育，是精神性的教育，是具有前瞻性的教育，

也是充满创造力的教育。

诗意语文的出现是时代的呼唤。科技创新一日千里，社会发展日新月异。除了知识传授以外，人们对人文素养提升的渴望、对语文精神的追寻、对诗意表达与成长的要求越来越强烈。加之互联网的影响，无论是教育者还是求学者，对中学语文课堂的效能要求越来越高。丰富课堂教学范式，推动语文学科建设，诗意语文当仁不让。

诗意语文的精神内涵与新课程改革的要义是高度契合的，是适应教育发展规律的。诗意语文与高中语文核心素养的四个维度——语言的建构与应用、思维的发展与提升、审美的鉴赏与创造、文化的传承与理解密切相关。

诗意语文的主张符合学生身心发展规律。目前的中学语文教学过于功利化，过于试题化。语文教育要带给学生的不能仅仅是知识和分数，还应该有对言语、文字的品磨，对社会、生活的深思，对自由、美好的追寻，以及审美境界、情怀的提升……

诗意语文的提出是为了促进教师专业素养的提升。随着教师教育的不断完善、新一轮基础教育课程改革的实施，中学语文教师教研和教学能力有了较大提高。尽管部分偏远、落后地区的教育现状仍不乐观，但一线教师自我提升的意愿都空前强烈。诗意语文成立工作室辐射全国，成员由专家、导师、名师、教师构成，旨在对各地一线教师的成长给以帮助。

记　　者：您怎样理解诗意语文？

董一菲：诗意语文是语文最该有的样子，它不应也不会因为考试而改变。诗意语文关乎我们的生活，也关乎我们的生命。诗意语文就是要带领孩子们在语文课堂上、在语言文字的世界里，发现美，感受美，认识善，学会爱，聆听诗意，追求诗意，让他们学会理性地思考、诗意地生活。

张显辉：诗意语文的诞生是传承和弘扬传统文化的需要。中华文化源远流长，中国人的民族"DNA"里刻着浪漫和诗意。时代高速发展，我们尤其需要诗意语文，传承弘扬中华文化，坚持中华民族的文化自信。

林　　森：语文与诗意存在着血缘纽带的关系，诗歌教学是语文教学的一部分,语文教学则承担着启蒙学生诗情的重任。高尔基说:"语文是人学,语文教学中有着人情的沧桑,语文是精神的鉴赏。"诗意语文的课堂让学生领略源远流长的中华文化之美,让学生看见语文之美并惊叹文字之美。在抑扬顿挫、平平仄仄的诗意化语言教学中,一轮明月悄然升起在每个人的心中,故而更有一番大天地。

二、诗意语文为当前语文教学带来了什么

记　者:诗意语文在理论与实践上有了哪些突破?

王青生:诗意语文揭示了语文的本体,体现了语文的诗意内涵、价值取向和审美取向。

诗意语文建构了课堂的八种教学范式:充满诗化色彩的诗意语文讲授课,灵动文化盛宴般的诗意语文阅读课,简约设问、缤纷作答的对话式诗意语文自读课,大容量、大自由、大开阖、大包容、大视角的"五大"专题教学,"至简"作文指导课,唯有"诵读"之声的古今中外诗歌积累课,"摄魂夺魄"的主问题引领课,春蚕食桑式的自主课外读书课等。

记　者:诗意语文的现实依据是什么?

张显辉:当今教育过于功利化,使得语文教学失去了应有的诗情画意。人们更在意分数,而不去关注孩子的内心是否柔软;更看重成绩,而忽略了孩子的人格。语文课堂教学也更多培养孩子的应试能力与技巧,忽视了孩子对美的感知力与感受力。语文需要诗意,诗意语文有助于唤醒学生的诗意心灵。

诗意语文是一线语文教师的成长需要。很多语文教师热爱语文,热爱教育事业,拥有丰盈的内心世界和丰富的精神生活,拥有强烈的求知欲、上进心,他们希望能以语文作载体引领学生走向诗意。

记　者:诗意语文解决了语文教育教学中的哪些问题?

董一菲:谈不上解决了多少问题,因为语文教育教学有不少问题,诗意语文只是我们在语文教育教学实践中的努力与尝试。诗意语文注重挖掘作品的内涵,而不单单是把它们作为试题。诗意语文关注学生成长,努力把学生培养成

有温度、有情怀的人,而不是唯成绩论。

王泽宾:诗意语文理念的提出与实践,在很大程度上解决了语文教育的工具化突出、文学化不足的问题,变机械的肢解性解读为整体的诗性化解读,让语文教学更有诗意并更有生机,让师生在诗意语文中感悟语文、陶冶情操、享受生活。

三、诗意语文为美好人生带来了什么

记　者:诗意语文对于人生有什么意义?

董一菲:语文应该以爱的名义,用最美的语言和文字,积淀人生最美的灵魂。

王泽宾:源于生活又高于生活的诗意语文,让平淡如水的日子诗意盎然。现实中的语文和生活,并非时时处处充满诗意,人们往往因为生活中的"柴米油盐酱醋茶"的琐碎与重复,冲淡了对理想中的"琴棋书画诗酒花"的追求与行动。原本让人苟且的生活里,其实有很多诗意母胎的因子。语文的诗意教学应该来自生活、阅读、旅行和思考,对教师和学生的现实生活和内心世界都有着非比寻常的重要性和价值。

北宋文学家苏东坡诗云:"宁可食无肉,不可居无竹。无肉令人瘦,无竹令人俗。人瘦尚可肥,士俗不可医。"诗意语文可以让我们成为一个有意趣、颇文雅、能自娱且悦人的人。诗意语文接续着"诗教"传统。"诗可以兴,可以观,可以群,可以怨。迩之事父,远之事君,多识于鸟兽草木之名。""不学诗,无以言。"

记　者:为做到这一点,诗意语文应在哪些方面着力?

王泽宾:诗意语文需要的不仅是教与学的技巧,更应在思想情感的花园里,幻化出一缕春风,唤醒内心情感的荒芜,使之姹紫嫣红满园春。

我们要有一个善于激活诗意的大脑、一双善于发现诗意的眼睛和一对善于表达诗意的巧手。"于无声处听惊雷",在平常生活中去思忖人生的哲理、诸情的玄奥,去发现人世的百态、万物的美妙,去表现语言的魅力、内心的思潮。

四、诗意语文为师生带来哪些变化

记　者： 引入诗意语文的理念和方法后，您的课堂发生了哪些变化？您的学生发生了哪些变化？

谢发茹： 在多年的教学中，我除了必修、选修规定的篇目之外，还给学生推荐了古今中外的大量诗篇。另外，我坚持开设"名著导读"，帮学生打开了学习生活的另一扇门。三年下来，每个学生都积累了厚厚的一本读书笔记和心得，巩固了鉴赏小说人物的方法，提高了写作能力，高考也取得了不俗成绩。

张显辉： 教育是唤醒，是点燃，是引领，是播种。教育不是万能的，但教育可以让你认识美、懂得善、感受诗意，可以让你的生活变得更好。我的课堂文化发生了变化。首先是深度，就某一教学内容备课时，我尽可能挖掘它的深层内涵，不再像先前那样泛泛而教。其次是思维方式或者价值观念，语文课要带给学生快乐，更要带给学生收获。收获是多方面的，一字一词，诵读写作，但最重要的是拓宽学生思维，引导学生思考。再次是教学语言，尽量做到简洁、准确而富有诗意。

在我的带动下，一些学生坚持阅读和记录，他们努力感知生活中的美好，努力读自己原来不懂的书。希望若干年后，他们依然坚持阅读、写作，追求他们的诗意与远方。

林　森： 做语文教师容易，做充满诗意情怀的语文教师不容易，因而我将对学生诗书学养底蕴的培养放在整体教学目标的第一位。叶澜教授曾这样说道："一个真正把人的发展放在关注中心的教学设计，会为师生教学过程创造性的发挥提供时空余地。"

在语文课堂中，学生让我感受到，他们处在一种"生命在场"的幸福的语文世界之中，内心丰盈。对于他们而言，语文学习已经不是外在的课业负担，而是一种自身生命成长的内在需要。

记　者： 语文课上您最大的收获有哪些？语文课上的收获，对学习其他科目有促进吗？

王静怡：我喜欢上语文课，我可以发现一首诗、一句话甚至一个词语的美妙，我可以和古圣先贤隔着时空对话，我可以跟随语文老师一起感受汉字的优美、诗词的蕴藉，也可以我手写我心。语文课让我开始认识自己，思考人生和未来。语文老师和我们一起读《红楼梦》，让我开始喜欢原来觉得枯燥的古诗文，让我开始喜欢原来读不懂的曹雪芹。

语文课让我的理解能力、表达能力都有提升，促进了其他学科的学习。语文课也让我意识到奋斗的价值，让我对未来充满期待。

（原载于《中国教育报》2018年10月18日第8版，记者杨桂青，有改动）

让语文课充满诗意和感染力

口语表达毕竟不同于书面语。书面表达可以"修",可以"改",可以"斟",可以"酌",甚至可以"批阅十载,增删五次",而课堂教学的语言是即时即兴生成且稍纵即逝的。在我看来,课堂教学语言的修炼是需要下一番功夫的,要做到这样几点:

一、课堂语言的修炼需要有十年的阅读史

写下这个小标题的时候,我犹豫了一下,"十年"是不是太长?可是,如果没有十年的阅读史,无论如何算不上读书人。读书,有的人从十几岁开始,有的人是从二十几岁开始。只要认真地一本一本读下去,十年之后,你对文字的那番敏感,就自然而然地形成了。读书是增强语感的不二法门。

中学语文教师应该是个杂家,几乎要无所不读才算合格。书籍浩如烟海,要想涵养语言能力,无论是书面语还是口语,我以为首先要读文学作品,也就是古今中外的小说、戏剧、散文、诗歌。阅读文学作品首先要有一个量的保证,可以有所侧重,比如寻找自己最喜欢的几位作家,读尽他(她)的所有作品和评论,再拓展自己的阅读面。好的文学作品总是涌动着一股美好的力量,给我

们温暖，丰富我们的生命，让我们拥有情怀、憧憬和梦幻，给我们一个存在的家园、语言的世界。

与自己最喜欢的作家相遇，也许你会惊奇地发现，他（她）一直等在那里，说的每一句话，甚至每一个字都像从你心里掏出来的一样。那一刻，所有的语言、言语，不是由外而内地植入，而是由内而外地复活。

一段时间内连续读一位作家的作品时，你的表达，无论书面语还是口语都会带上这个作家的烙印，比如我们常说的"鲁迅体""甄嬛体""海明威体"。在作文课上，根据三个孩子的范文，我基本判断出他们最近在读萧红、马尔克斯和川端康成……读文学作品是我们一生的功课，坚持读十年书，必然字字珠玑。

除了文学作品，语文教师还要读文学评论和美学著作。就我个人而言，我不喜欢读现成的所谓"文本解读"，太单太薄太限制。我更喜欢读"工夫在诗外"的相关文字。

上大学期间，我反复阅读了哈尔滨师范大学图书馆关于红学评论的藏书，订阅了期刊《文学评论》，为我以后做语文教师、解读文本奠定了基本的底气。几十年阅读下来，美学评论类的书籍始终是我的最爱。

其实，考量一个语文教师的教学语言，不外乎是叙述描写细致传神和"点金点穴"的议论功底，这两种书籍给予我们的语言范例，已足够辽阔深厚。读十年书，终其一生做个读书人。书是教师教学语言不竭的源泉、丰美的土壤和强大的武库。

二、课堂语言的修炼要求我们每天都做一个记诵者

汉字之美、汉语之美自不必细说，汉语天生就是用来写诗的。煌煌经史子集，不必说从《诗经》到《楚辞》再到汉赋、唐诗、宋词、元曲的"集"部，即使是"经"部的《论语》《孟子》，也是娓娓动人，雄辩滔滔。"史"部的《左传》追求侧面烘托，"不着一字，尽得风流"，《史记》更是被誉为"史家之绝唱，

无韵之离骚"。

要想修炼锦心绣口，仅仅读书还是不够的，还需要背诵这项优秀语文教师的基本功。"唐诗三百首""宋词三百首"曾经是蒙学教材的内容，现在的语文教师又有几人可达标？读百首诗不如背十首诗，让我们语文老师每天都背诵诗文吧！之后我们的课堂教学语言必然会发生翻天覆地的变化。

在课堂上，我们可以先引用再化用，最后才是春雪无迹、美梦无痕的化境。教学语言的破茧成蝶，是这样完成的：看山是山，看水是水，是第一境引用；看山不是山，看水不是水，乃第二境化用；看山还是山，看水还是水，这是"六经注我"的第三境，从而深得语言的三味。

课堂上我们可以借用狄更斯的话"这是最好的时代，这是最坏的时代；这是智慧的年代，这是愚蠢的年代；这是一个信任的时期，这是一个怀疑的时期；这是光明的季节，这是黑暗的季节……"来调侃一个不懂变通的学生。讲小说人物出场，可以随口背诵金庸笔下小龙女的亮相："那少女披着一袭轻纱般的白衣，犹似身在烟中雾里，看来约莫十六七岁年纪，除了一头黑发之外，全身雪白，面容秀美绝俗……"

古时候的先生，哪一个不是满腹经纶、学富五车？"背功"使然。然而，试问现在的中学语文教师，还有谁能背诵《史记》《红楼梦》《离骚》……追求高考分数已分散消磨了我们主要的精力。

每天抽出一点时间记诵，直到倒背如流，教学语言势必熠熠生辉。

三、课堂语言的修炼需要有若干本心爱的读书笔记

钱钟书的读书笔记分汉语、法语、英语……总共十几麻袋，他照相机般的记忆力正来自于此。语文教师应该有自己的摘抄本子，而且要成规模。读、摘抄、评点、再读或背，对于润泽语言的帮助是巨大的。

摘抄的永远是自己喜欢、珍视的，都是那一瞬间打动心灵的，要么有文采，

要么有智慧，要么深情，要么理性。摘抄是对我们阅读中点点滴滴的有趣记录和升华。我们也许做不到著作等身，但总可以做到摘抄本等身。

我有几十个摘抄本。从大学时代直到今天，年代不同，摘抄本的颜色、大小、薄厚、装帧都不同，它们是我的心爱之物，我读过的书大多都在这里，如飞鸿雪泥，温馨温暖而美好。我知道若我的教学语言还有所谓的特色，那么有一部分来自它们。

四、课堂语言的修炼要求我们具有大胆运用的勇气和智慧

肖复兴在《我的读书笔记》中评许浑的《谢亭送别》："'日暮酒醒人已远，满天风雨下西楼'。还是送别人去楼空，还是借用景物抒发心情，但这首诗的别致之处，在于让人和满天风雨一起下楼归去，将景物完全拟人化，真是一幅绝妙的送归图。"我读到此处，满心赞叹感动。恰好要给孩子们讲袁枚的《独秀峰》，于是顺势化用："'三百六级登其巅，一城烟水来眼前'。写独秀峰用满城的烟水来写，山秀水秀城秀，水气氤氲，诗意淋漓。"

经常说，文本解读是一个教师的看家本领，而文本解读的灵感来源又何尝不是我们读过的文章和书。面对一个文本，我们要做读书笔记，然后仔细拆开，看文本的结构，看它如何谋篇布局、铺排行文，看它的用句用词。

一次给苏州的学生讲罗兰的《秋颂》。如何导入，用一个问题牵引全篇？我想到清代刘熙载的一句名言："山之精神写不出，以烟霞写之；春之精神写不出，以草树写之。"我用它作切入语，引领学生思考：那么秋之精神写不出，作者用什么来写？这正是大胆迁移的意义。

运用，就是一种创造，就是一种奇异的生成，这需要勇气和智慧。化腐朽为神奇可以有，巧妙镶嵌也可以有，活用生长更可以有。

五、课堂语言势必经过一个"绚而后素"的过程

堆砌、引用、夸饰、排比、比喻、反复，追求绚烂和繁复，这往往是教师的教学语言形成的初级阶段。翻看自己十年前的教学实录，雕琢的痕迹相当重，十分用力，显得过精过巧，影响了格局。但这也是必经的过程吧。绚烂和素朴，既是辩证统一的，又是相互印证的，实现一种螺旋式的攀升。

大道至简，举重若轻，云淡风轻是成熟的境界。其实最为重要的是教学语言的任何修炼，都离不开教师对语文、对教育、对文本、对孩子的真诚的爱，离不开教育的智慧和教育者永不停息的探求与成长。

语文教师应该像一棵树，繁枝茂叶是他（她）语言的姿态，沃若碧绿，永不停息地成长，每时每刻。

第二辑　把专业成长当作信仰

　　走上讲台，就感到生命的气息，青春在隆隆地拔节。

　　走上讲台，就感到四肢在延长，就像突突长成的巨人，脚踏厚土，手拥新阳。

　　我们的课堂，诗意，美好，充满了语文的火焰，充满了生命高远的境界，充满了美、深情和生命的成长。

还语文以正大端然

一句"《诗》三百,一言以蔽之,曰:'思无邪'"已昭告汉语之诗性、美好、正大、端然。

语文课本应温暖灿然,充满人情味和书卷气,可现如今却被矮化、窄化、俗化、浅化,甚至被戏谑,被丑化,被妖魔化。

一、致敬经典,拒绝矮化

于漪老师说:"经典阅读要上出点深度和难度,上出文化味。"深度和难度会让学生们拥有敬畏、谦卑和教养。深度、难度可以成就他们生命的厚度。

语文课可以上出一点难度,甚至必须有一点难度。可以让学生用一个仰望的视角去看待语文与阅读经典,怀着虔诚与敬畏,带着美好与希冀。不要矮化经典,只为课堂上孩子们举起的那如森林般的手臂和课堂上的那份喧嚣,这样的课堂其实灵魂缺席。不是所有的发声都是真正意义的对话。教出难度和高度不是故作高深的"演绎"。

不要矮化经典,只为孩子们能你说我说。不是所有的发声都是精神上的交流与碰撞。设问、善问、曲问是一个语文教师的看家本领,语文教师要打通文史哲等诸学科的壁垒，让语文课堂简约而缤纷。

中国文人讲究静观，也许正是那份难得的沉静，才是最深沉的思考和感悟。文本的诗意，美与哲思，有时只能是师生之间的意会。

把语文课上出难度、深度，并不是让我们满堂偏问、深问、怪问、炫技，甚至炫耀自己的才华，而是要求语文教师能够化繁就简，绚而后朴。简约提问是一位教师的教学智慧，胸中自有万壑群峰却绝不逞才使气，把文本坚硬的难度与深度化为绕指柔，循循善问，娓娓而谈。如果说语文课是一部宏大的交响乐，教师只是那首席小提琴手，须绝不故作惊人之语，绝不语惊四座，绝不哗众取宠，须温暖和煦，在不经意间引领孩子们抵达经典，抵达文本的内核，带着发现的惊喜，登堂入室。

二、致敬母语，不可戏谑

如今的语文课，充斥了多少歪解与戏说。那份精神的媚俗，那份无底线的油腔滑调，让语文课成了江湖卖艺者的表演杂耍的卖场。无论是深沉的家国情怀，还是最彻骨的爱情悲剧，无论是黄钟大吕之声，还是最委婉曲折的最中国的表达，以及那么多有声音、有历史、有文化、有智慧、有深情的汉字，在语文课上都和教者一起沦为小丑。中国古代真正的读书人在任何情况下都是不会制造语言暴力的，永远都是那么文质彬彬，温文尔雅，"不读诗，无以言"。我们是教师，端然正大才是我们的当行本色，"谑"是对语言的"虐"，是对母语的"虐待""施虐"。"见字如神"是古代读书人的不可逾越的信仰，如今我们丢失了。我们对汉字、对经典、对语文肆意施虐，只是为了引来我们的学生无知无聊的笑声，然后，我们洋洋得意。

三、做一个正大端然的读书人

很多语文教师已太久没有读书了,有的读了一些书,甚至很多书,却把自己读得偏激,甚至褊狭,总是愤愤而不平。

如果书不能给人以幸福与温暖,如果书不能让一个人在精神上不再匍匐,如果读书未能构成教者的精神家园,我们又如何帮助学生构建精神家园?

孔子说,要作君子儒,不可做小人儒。而更为糟糕的是一些小人儒正在充当灵魂的工程师。

语文课是教人读书的。

语文课是要充满诗意和美的。

语文课是要让孩子们有一种强烈的文化认同感的。

……

语文教师是一扇窗子,孩子们通过我们去认识语文的世界。

教师是引领者,不应无原则地迁就窄化、丑化、俗化语文教学。

正大端然就是有见地思想,有境界情怀,就是学而不厌,诲人不倦。

让我们都有一份正大和端然吧,正大地教语文,端然地教语文,还语文以正大端然,打通文史哲的壁垒,圆融我们的道德学问。让我们从中国古典传统的温柔敦厚、乐而不淫、哀而不伤中寻找语文的精神向度吧。

把专业成长当作信仰

要把成长当作一种信仰,"成长"是一个很重的词。为什么我们要成长?我们可以从以下维度来思考:面对学生我们要成长,因为学生在成长,我们不能是静止的状态;面对社会我们要成长,因为社会在急剧地变化,尤其在今天这个知识经济的时代;面对自我,我们要成长,正如古希腊的哲学家所说,一个人不可能两次踏进同一条河流,昨天的我和今天的我肯定不一样;面对子女我们要成长,因为在家庭中,我们是为人父为人母的角色,如果我们不成长,就会带来诸如逆反等亲子问题;面对自然我们要成长,因为自然是生生不息的。综上所述,专业成长是我们的信仰。

通过学习,促进自己的专业成长和自我修炼,堪当学生学习的促进者和成长的引导者。有人说,教育的本质就是成长,正如孔子所说,教学相长。课堂是师生共同成长的地方,因此我们要永远保持一种活泼的心智,一种辽阔的眼界,一种包容的心胸,不断地打通,不断地圆融。我很喜欢曾国藩的一句话:"吾不望代代得富贵,但愿代代有秀才。秀才者,读书之种子也"。曾国藩是一个大儒,大智慧者,他看重子孙在读书方面的成就。作为中学教师的我们,是知识分子,是读书人,但我们今天扪心自问,却很难说自己是读书人。再看孔子的人生自画像:"吾十有五而志于学,三十而立,四十而不惑,五十而知天命，六十而耳顺，七十而从心所欲，不逾矩。"这句话，表面看是一个年龄的跨度，但其实当中蕴含的主线是一个字——学，从十五志于学开始，到三十而立，不是成家立业，而是创立了自己的学说，有了自己的追求，找到了人生的信仰，具有了人生的风采、格局和视野；四十不惑，是在三十的基础上，愈发地坚定，愈发地不可改变；五十而知天命，五十听到了天的召唤，明白了此生我的责任、此生我的担当、此生我的意义，就像有人曾说，此生的目的就是做最好的自己，孔子一生就是在不断地学习；六十耳顺，从学习角度来说，所有东西能听进去，这不是学习能力的衰减，而是在另一个境界上的升华；最后，达到怎样做都不会偏离道这个范畴。孔子还说："十室之邑，必有忠信如丘者焉，不如丘之好学也。"孔子认为自己最骄傲的就是没有一个人比自己更好学，于是得到他的弟子子贡的高度赞誉——"学而不厌，诲人不倦"。仁和智构成了孔子最基本的人格底色，巍巍乎万世师表的人格魅力。

有这样一个调查，有六个问题：你的父母是否都接受过大学以上的教育？你的父母是否为你请过一对一的家教？你的父母是否让你持续学习功课以外的一门特长？从小到大你是否有过一次出国旅行的经历？父母是否承诺要送你出国留学？父母是否以你为荣并且向亲友炫耀你？有一点就向前走一步，然后让站在不同的位置的六位同学跑向200米外的终点。结果当然如我们所料，走了六步的人有一点点优势。是否可以得出这样的结论：起点很重要？作为教师，我们的入职起点很重要，我们是否具备做教师的起点？但是，人生是一场马拉松赛，在漫长的教学生涯中，这六步微乎其微，比起点更重要的是我们一直不间断地努力，即不停地学。

英国哲学家怀特海将小学定位为浪漫期，中学是精密期，大学是展望期，高瞻远瞩，敞开胸怀。我们可以看到中学阶段对于一个人来说，是精密期，是很重要的。作为中学教师，作为基础教育的教师，我们面对的是一份崇高与敬畏，所以我们必须成长，必须学习。在我们的课堂里坐着的，可能是未来的领袖，未来的各行各业的精英，最起码他是未来的公民。我们是否以精密对精密，用精密的职业精神对待生命，为他们打牢基础？袁行霈这样评价恩师林庚，他说:"回想起来,在我追随老师这么多年里,他固然教给我许许多多的知识,但使我受益更深的是他给我一种眼光,一种鉴别的眼光。"由此,我们看到,一个老师给学生的眼光远比知识更重要。对于我们来说,只有"读万卷书,行万里路"才会拥有属于自己的眼光。所以,当一个教师有一种眼光的时候,他可以帮助学生超越平庸,铺就属于他们的人生底色,这是人世间最大的诗意,最大的美,最大的功德。做一个四有教师——有情怀、有气象、有见识、有涵养,就能让学生像孔子所说:"安之,信之,怀之"。

我曾经发自肺腑地写了一篇文章《我愿意在中国做教师的八个理由》,我说:"第一,我在中国做教师很有职业的尊严感,我站在三尺讲台,望向学生的目光本能地充满了严肃和尊严。"在国外,教师是千万种服务行业的一种,穿着随意,老师甚至穿凉拖、赤足,学生也很随意地坐在那里,甚至在课堂上烤饼干等,这是一种平等,从某种角度来说也是社会的一种进步,但教师的尊严没了。中国的传统成就了我们做教师的尊严,这种延绵不绝赋予了我们一种责任,一种光环,一种尊严。有人说这世间有两个可以传承高贵的圣殿:一是优秀教师的课堂,二是摆满了大师作品的图书馆。在课堂上,我们找到了做老师的幸福感。"为天地立心,为生民立命,为往圣继绝学,为万世开太平",这种崇高感,我们在自己的课堂中感受得到。我们要还教育以美好,拒绝浅陋;还教育以深邃,拒绝矮化;还教育以端然,拒绝俗化;还教育以雅正,拒绝邪恶;还教育以诗意,拒绝平庸;还教育以深情,拒绝浅薄;还教育以温暖,拒绝冷漠;还教育以博大,拒绝窄化;还教育以担当,拒绝逃避。教师要用读书把自己成长为大写的人。

《易经》中,"易",蜥蜴也,蜥蜴善变,春天绿色,秋天黄色,永远与大自然保持一致,中国古人很赞赏这种智慧,因为它与时俱进,天人合一。《易经》讲究的就是这种灵活多变,其实就是成长。例如泰卦和否卦的核心就告诉我们什么是成长,当地在上,天在下时,它充满了动能,它极具变化,极具冲荡力和极具成长力;当天在天,地在地的时候,当我们的生命处在静止状态的时候,它已经接近了死亡。这对我们的职业发展和专业成长有着巨大的启示。教师成长的四个阶段：自我认识、自我定位、自我成长、自我超越。我们用几个问题来完成自我认识：第一，最让你感动的事是什么？第二，你最羡慕的生活是什么？第三，你对自己满意吗？当回答完这三个问题时，你的自画像就出来了。最后是自己的生涯规划，生命不息，成长不止。只有精神的容颜不老，面对家庭、面对孩子、面对学生、面对社会时才能说我们是无愧的！台湾学者傅佩荣先生曾说"一个人的自我成长，往往从中年以后才真正开始"，这不是心灵鸡汤式的安慰，而是人生哲理。年轻时总是对自己的定位模糊，人到中年，因为认清自我，才可能成为自我。《论语》中有说"古之学者为己，今之学者为人"，古之学者是为了构建自己的精神生命，现在求学的人不是为了修炼自我，而是为了谋求一份好的工作。比如某大学中文系的学生也许因为忙于考各种证等，经典的、有分量的阅读少之又少。而作为教师的我们，是否要为自己构建点什么？要明白人生就是一场修行。正如陆游所说，"汝果欲学诗，工夫在诗外"，对优秀的教师来说，教学的功夫在教学之外，需要不断修炼自己的道德、人格、思想、情感、趣味、学问、人生与自然社会融通的能力。因此，读书要读雅正的书，否则，尽信书不如无书。人生的灿烂应来自文化文明的滋养。

做一个有魅力的语文教师，让学生通过你感受到知识的魅力，通过你望见这个学科乃至望见人生，因此，教师需要修炼自己，做一个有思想的人、有精神的人、有情感的人、有心灵的人。

通过学习，教师在专业成长中形成自己的教学风格。教学风格就是教师教学艺术的独特性，是教师教学艺术个性化的基本特征。例如看李白的诗"君不见，黄河之水天上来，奔流到海不复回。君不见，高堂明镜悲白发，朝如青丝暮成雪"，就知道这是一个永远年轻、永远青春不老的李白；杜甫永远是沉郁顿挫，"百年多病独登台"，"飘飘何所似，天地一沙鸥"，这就是风格。形成自己的风格要经历四个境界。第一境界是实践操作的层次。实践操作层次是一个漫长的过程，刚刚入职的老师能把一节课顺利地上下来就是一种胜利。记得我毕业时接初二的两个班，我没有任何的讲台经验，第一篇课文是《鲁迅自传》，我假期备了20多天，虽然储备了大量关于鲁迅的资料，但因为不知如何组织教学，把准备的内容从头说到尾仅仅过了20分钟，与初二的孩子目光相对，没有发出任何指令的勇气，熬过了后20分钟，一节课最终草草收场。第二境界是经验积累的层次。经验的积累是昨天所有岁月的组合。第三境界是理论探索的层次。第四境界是形成思想风格或体系的层次。《当代名师智慧教学课堂艺术》（中学语文卷）中总结了语文十大名师的教学风格，分别是于漪的情美语文、钱梦龙的导读语文、宁鸿彬的轻简语文、洪镇涛的本体语文、蔡澄清的导学语文、余映潮的创美语文、程少堂的文化语文、黄厚江的本色语文、赵谦翔的绿色语文，以及我的诗意语文。

下面谈一谈诗意语文的六大建构。第一，诗意语文的文本解读是追求充满诗性与哲思的个性解读。第二，诗意语文的问题设计是善于运用含蓄蕴藉、言在此而意在彼的曲问，课堂的问题设计永远是一个教师的看家本领，这是对学生和文本的深刻理解的一种艺术呈现，曲问是诗意语文追求的一种课堂境界。第三，诗意语文课堂的美学特征是呈现重峦叠嶂、花团锦簇的千姿百态之美。课堂是一个教师思想、文化和艺术等综合素质的体现，课堂教学需要教师的不断努力和不断超越，从教学技巧的熟练到教学艺术的追求，最后升华为教学风格。第四，诗意语文的课堂教学语言要求绚烂缤纷与沉静深刻相结合。课堂语言的修炼需要有十年的阅读史，它要求我们每天都做一个记诵者，需要有若干本心爱的读书笔记，它势必经过一个"绚而后素"的过程，它要求我们具有大胆运用的勇气和智慧。第五，诗意语文的课堂境界讲究打通、圆融、和谐、共生。第六，诗意语文的课堂追求精致、意味、机智和生成。回首诗意语文，由一个人的诗意寻找到一群人的诗意相伴，诗意语文，我们在路上！诗意语文的成长离不开给自己一个恰当的定位、为自己量身定制一个书单、确立自己的教学风格、寻求自己的精神同盟等等。诗意语文工作室没有级别，大家全凭情怀和爱在一起，很多人虽素昧平生，但心灵契合，这是三生石畔语文缘！因为爱好在一起，没有任何的要求，这是一个年轻人孜孜以求、前行的舞台！

教师实现专业成长的途径很多，如订阅教育教学杂志、卡片积累、读美学哲学教育学作摘抄、养成写作的习惯、文本再读、专题研究开疆拓土、课例创造（拥有自己的版权和代表作）、天天读书天天背诵。教师成长的过程中要有定力，要有韧性和坚守，要把成长当信仰，要有强烈的幸福感，把庸常变成诗意。正如孔夫子"曲肱而枕之"不需要任何仪式感，在最庸常的锅碗瓢盆柴米油盐中，在平时的每一分每一秒中，要把自己活得富有诗意！

（讲稿整理：云南省曲靖一中何英、钱炬、代利梅）

读书：看得见看不见的竞争力

世界读书日的宣传语是：今天，你读书了吗？这是对所有的世界公民说的，我们是否经得起这一句话的叩问？关于读书总是要说很多，因为这的确是语文教师的一个根。有这样一句玩笑：一个语文老师不读书不旅游那他就没有干正事。的确是这样，读书是读万卷书，旅行是行万里路，没有阅读和旅行垫底的人生，精神世界是多么的苍白。所以，诗意语文的三个关键词是：背诵、写作、阅读。

一、背诵是底气

为什么要有背诵？因为汉语是带音调的，是独特的一种语言系统，它特别适合用来写诗。我们这个民族是诗歌的王国，从《诗经》开始，一路走来，阳春白雪。如果不背诵，在课堂上我们捉襟见肘，更不可能做到旁征博引，很多东西我们会觉得就在嘴边却无法说出。在课堂上不允许作为教师的我们临时再去翻看摘抄本或者电脑，我们最安全最便捷的方式就是背下来，每天背一点点。背诵即从今日始，今天是我们未来岁月当中最年轻的一天，今天是我们未来岁月当中记忆力最好的一天，每个人都如此。年轻如你们，年老如我都需要去背诵一点东西。比如三百零五首的《诗经》。三百零五首，不增不减，你却可以与日俱增，今天我背下了《蒹葭》，明天我背下了《关雎》，这就是一种进步。新教材马上就要跟大家见面了，也许会出现一个《诗经》专题。这样的课能不能把它讲起来，对中学语文教师提出的要求，高度和难度甚至大于大学教授。我们必须全能，我们得讲《诗经》，我们得讲现代汉语，我们得讲"之"字的几种用法，我们得讲"其"的四种词性……我们知道沈从文还不够，我们还要知道捷克斯洛伐克的作家，知道哥伦比亚的作家马尔克斯。现在已经不是简单的知道就可以应付新教材，应付核心素养，应付新课标的时代了。背诵一点点东西，为自己垫底，为自己铺垫，底气来自背诵，这是中国的中学语文教师不同于其他世界各国教师的一个方面，没有背功，就没有讲功。

二、写作是功力

没有写功行吗？不写是不可以的。不写怎么指导孩子们的写作？高考的作文现在是60分，未来的高考语文也许将180分，将200分，作文是多少？100分。面对高考100分的作文，我们还能不参与写作吗？更何况读的背的没有经过写的话，又怎能长成自己精神的血脉，自己精神的骨骼？写作是一件很痛苦的事。以我自己为例，小的时候很爱写，上大学的时候参加诗社也很爱写，征文大赛，因为能得奖，也非常爱写。但是后来工作了，在将近20年的时间里，除了必须的作业性质和约稿性质的东西需要写，我自己从来没有写过什么。

2009年，中华语文网开设了第一届名师博客，我接到网管老师温鹃老师的电话，当时，我并不认识她且正在上课，她询问我是否可以开一个博客。我觉得让我开博客写东西，离我太远。我不假思索地拒绝了她。后来第二年，张玉新老师首先开了博客，他鼓励我也要开博客。然后就没有停下来。因为博客一旦发出去，网管有一种激励机制，他会给大家的文章做精华排行榜。如果当天在卷首就特别开心，这份开心鼓励着自己继续写，一写就写了400多篇。后来我出了六本所谓专著，很多就来自这个博客。感谢写博客的这段岁月，它可以磨砺一些思想，也可以使自己找到一种职业的尊严。这当中有很多老师的陪伴和鼓励，让我坚持下来。如果没有这个写的过程，我的生命会因此少掉很多有意义的部分，有趣的部分。其实人活着都是在为自己的生命寻求价值，寻求意义。写文章是我们语文教师生命的另一种状态，我们应该感谢我们所学的专业，感恩我们所从事的职业，让我们离文字这么近，让我们的生活和生命变得丰富而细腻。

三、阅读是修身

阅读有四个维度，对应现在的四种核心素养，第一是语言，第二是思维，第三是审美，第四是文化。

语文课就是引领着学生们在语言的密林里出生入死，中国汉字不是冰冷的表音系统，它是温暖的、有人情味的、端然的表意系统。它有声音，有色彩，有表情，就怕我们不解风情，我们要在这样的字里行间去感受去倾听那种最细微的东西，那正是作者深意的表达。

比如说，白居易的《琵琶行》，其中的"血色罗裙翻酒污"，血色是什么颜色？为什么不用红色？因为那是生命的血色，那是青春，那是琵琶女的生命和青春，甚至是爱情，是她曾经付出的最重要的过往，是她生命的痕迹。作者白居易不用红色，不用嫣红，不用杏子红，因为杏子红是少女的颜色，也不用胭脂红，那是宝玉钟爱的颜色。白居易称之为"血色"，有一种热烈与奔放在其中。"钿头银篦击节碎"，"钿"字怎么写？金字旁加个田，金属的钿头，都可以在敲节拍的时候碎了。碎了一地的是青春，是爱情，是生命的骄阳和血色。大唐有"惊鸿舞"。《霓裳羽衣曲》是唐玄宗送给他心爱的杨玉环的曲子，这样一支曲子，既不温柔敦厚，也不"乐而不淫，哀而不伤"，而是有着冲荡的美，现在看来绝对是一等一的摇滚。

当时的大唐，万国来朝。当时的长安城是天下第一大都市，李白可以在长安市上酒家眠，可以调笑胡姬，外国人可以考唐代的"公务员"。教学中，需要教师有一种慧眼，通过一个"血色"，引领学生过语言关，建立一种非常敏锐的语感，走向文本文心。语感是天赋，但更需后天的磨炼。

再比如说一个小小的细节：照镜子。以铜为镜，从古至今，人们都在照镜子，同是唐代，不同的诗人照镜子的感觉也不同。李商隐照镜子，"晓镜但愁云鬓改，夜吟应觉月光寒"，这是"夕阳无限好，只是近黄昏"的晚唐哀伤。李白照镜子照出"君不见，高堂明镜悲白发，朝如青丝暮成雪"，这是青春的飞扬，秀口一吐就是半个盛唐。站在盛唐中心的不是将军，不是元帅，而是诗人李白，这就是一种发现。不必拘泥于教参，这种发现是我们自己阅读的发现，是和孩子们体味与体验的发现，是语言之旅，是词语之旅。语文教师是最中国的职业。

再比如余光中的那首诗《民歌》："传说北方有一首民歌，只有黄河的肺活量能歌唱。"他不说我爱国，他不说黄河是我的母亲河，黄河养育了中国文化，养育了天地间最美的汉字。他写"长江"，他要这样写："还有长江最最母性的鼻音"。哪有诗歌可以这么任性，写得如此深情。他说"最最"，这是口语，但是他把这口语用得太漂亮了。这是一种深厚的学养，有来自《诗经》的一咏三叹，也有《楚辞》、汉乐府诗留下的语言印记。再来看看于右任的一首诗："葬我于高山之上兮，望我故乡；故乡不可见兮，永不能忘。葬我于高山之上兮，望我大陆；大陆不可见兮，只有痛哭。天苍苍，野茫茫，山之上，国有殇。"有多少中国的元素、多少中国的符号就在这里呈现了。语文教师就是引领着孩子，穿过最具中国特色的汉语方块字，了解中国的文化。

爱我中华，不是一种口号，而是我们对泱泱中华五千年文化，对这种美这种诗意已经彻骨的懂得和爱，这就是文化的乡愁，剪不断、韧如丝的文化的乡愁。

如果在基础教育阶段，我们作为语文教师，能够在我们学生心灵的底片上、灵魂的底片上、精神的底色上烙上"中国"，让他有一双中国人的眼睛，一颗中国人的灵心，一副中国人的耳朵去看去想去听，功莫大焉，善莫大焉。这就是我们这个职业的崇高所在。中国人有中国人的思维，我们思维的方式是绝不会直抒胸臆"道破"一个字。我们会说"蒹葭苍苍，白露为霜。所谓伊人，在水一方"(《诗经·蒹葭》),这样蕴藉含蓄的表达充满力量。比"爱你到地老到天荒、到天涯海角,爱你前生前世、今生今世、来生来世"所有这样直白的誓言的总和还要辽阔。这样的缠绵,永远纯净,永远坚守!这就是我们这个民族思维的习惯,审美的习惯。还是余光中的诗:"等你,在雨中,在造虹的雨中,蝉声沉落,蛙声升起,一池的红莲如红焰"。我们在想,他永远不会说"等你在雨中,万顷的玫瑰如火焰,为你种下九百九十九朵玫瑰",他不会这么说。红莲与红玫瑰,它们的区别在哪里?红玫瑰是怒放的,寓意一种大胆奔放的爱。红莲呢?有一种欲说还休的羞涩,风流蕴藉的美,"一池的红莲如火焰",一定隔着细雨,"等你在雨中",有一种润泽、氤氲的感觉,万物化醇的感觉。

中国诗当中有大量的红与绿的交响,但是绝不是直接的碰撞。"绿杨烟外晓寒轻,红杏枝头春意闹",绿是绿,但是很远有烟,绝不是红与绿的直接碰撞,一定隔开,一定要衬托,这符合我们的审美。我们认为最美的诗不是青绿的山水,是不着色的水墨画,墨分五彩,我们在黑与白当中写进我们这个民族所有的智慧。如阴阳鱼,无他色,只有颜色的起点白和颜色的终点黑,足矣。这是我们最喜欢的颜色。初唐张若虚的《春江花月夜》,孤篇盖全唐,被闻一多先生赞为"诗中的诗,顶峰上的顶峰"。因为月光荡涤了大千世界当中的五颜六色,只有诗一样的白诗一样的黑,最美!最美的散文之一是《荷塘月色》,是月下荷塘,塘上月色,绝不是杨万里的诚斋体,"接天莲叶无穷碧,映日荷花别样红",我们不喜欢这样的热烈,我们喜欢含蓄。比如余光中,他说约会,他说爱对方,一个人刻骨铭心,永世不忘,他会说:"上次约会在蓝田/再上次,在洛水之滨"。在蓝田人的时代,你我就相爱了!在无穷的岁月里,我们相爱着。而张爱玲笔下的爱,在时间无垠的荒野里,没有早一步,也没有晚一步,刚好赶上,也没有什么话可说,只有轻轻的一句"噢,你也在这里吗?"这就是一生的爱情。一个女孩子辗转被卖到他乡外县做妾,但是她会永远想起那个夜晚春天桃树下的年轻人,她和这个年轻人只有一句话"噢,你也在这里吗?"这就是永生永世!余光中说,我的爱情在蓝田,上一次在洛水之滨,那是才高八斗的曹植与洛神的旷世之恋。那场恋爱我们一起参与过,你就是那洛神,我就是曹子建。

这就是中国诗,如果没把中国的味道领进你的课堂,便不是真正的中国中学语文老师的课堂。于是我们一直在路上,一直在追求中国味的路上,在追求中国美的路上。黛玉是"黛",贾宝玉一定是"怡红公子",这就是对称的美。我们的故宫,我们的宫殿建筑永远是中轴对称。就那样四平八稳,就那样温柔敦厚,就那样中庸。我们喜欢"九",我们不喜欢"十",月满则亏。这就是中国人的思维,西方人肯定追求十全十美,我们不。说到林黛玉,这是作者曹雪芹倾心塑造的人物形象。潇湘馆为什么叫潇湘馆?天下的竹子有千百种,为什么和黛玉相匹配的必须是潇湘竹?这涉及一个遥远的神话,来自美丽的南中国,来自《楚辞》的沉沉大梦,因为在那里湘夫人是娥皇女英的幻化,她们殉情而死,为了她们的舜帝,她们的眼泪飞起,一支斑竹千滴泪,这就是黛玉的写照。黛玉的潇湘馆一定是凤吟细细,一定是竹影潇潇,这就是林黛玉。她为什么是林黛玉?肯定有薛宝钗相对,双峰对峙,二水分流。于是宝钗有杨妃倾国倾城之貌、风韵之美,乃牡丹花的写照。那么黛玉呢?风露清愁,乃西子的化身。这就是传承,这就是中国式的美。而关于爱情,黛玉和宝玉也绝不会说出一句"我爱你",绝不会。即使黛玉临终之时,也是这样的表达:"宝玉,你好……"成了永远的谜,永远的断臂维纳斯,让我们去想象,去填补,带着美好的愿景继续。这是中国式的审美、中国式的思维,这也是中国的文化。我们不能说我们是国际意义上的中国人,我们培养的孩子是国际意义上的中国人,我们要培养的是文化意义上的中国公民,首先我们要是一个地地道道的中国的语文教师。

　　俄罗斯诗人普希金在《给凯恩》这首诗当中有这样的表达:"失掉了神性,失掉了灵感,失掉眼泪,失掉生命,也失掉了爱情。"反观我们中学的课堂,学生是否已经失掉了那份灵性,变成了做题的工具,刷题的机器?我们不再会流泪,不再悲天悯人。其实在这一点上,我们已经消磨了自己的人性和被教育者的人性。我们不会再被世间的很多事情感动,不再被美感动。我们更不会有这样的崇高与担当:"为什么我的眼里常含泪水,因为我对这土地爱得深沉。"这是艾青在上个世纪40年代献给母亲献给我们这个民族的赞歌,读到这里,我们是否还有些许的感动?有几个人为这样深情的眼泪还能再流一次眼泪?没有眼泪的生命，就不是真正意义上的生命。冷漠和浅薄充斥着我们现代人精神的天宇，我们也因此失掉了爱情。人世间最炽烈的情感，最真最纯的情感，就是爱情，我们经常说我们已来到了一个无失恋的时代，因为真的不懂是不是爱。是否有人还会因为一个人会打球，一个人会唱歌，一个人有非常憨厚的心地，义无反顾地嫁给他？当然会有！其实这是爱情的本质，但是现在的爱情多少也要问：你的父母是干什么的？你的房子在哪个城市？哪一环？什么楼层？你的车子有多少？值多少钱？如果我嫁给你，我会有几位数的存款？那么教育就是要找回神性，凝结眼泪，找到爱情与生命的意义！

语文本身就是诗意的，现在的语文课堂太缺乏诗意。大家知道汉语甚至没有严苛的语法，"红了樱桃绿了芭蕉"似乎是病句，却又是最美的诗句。这就是我们的汉语，不必拘于语法。"秦时明月汉时关，万里长征人未还"是唐人七绝诗的压卷之作。开篇就展开了一个巨大的悲剧，我们称它为互文，可怎么翻译呢？秦和汉朝的明月与关卡，万里长征几人能还？再如，《岳阳楼记》当中的句子："居庙堂之高则忧其民，处江湖之远则忧其君。"仍然是互文，一句话没法表达，需要连环地套在一起。因为语法是诗意的，有时我们干脆不讲语法，我们只讲修辞，我们的修辞不是简单的修辞手法，而是炼字。"春风又绿江南岸"，所有的情怀都在"绿"上去想即可。汉语是诗意的，语文也应该是诗意的。

另外，学生处在诗意的年龄，心灵最接近诗的正是他们。有一句话充满了诗意之美，我每一次都为这句话所感动："我们喜欢做中学语文教师，因为我的学生永远16岁，在他们最青春的岁月，我们一起相伴读古老的经史子集。"试问天地间还有比我的职业更诗意更崇高更伟大更美更让人感动的吗？既然处在诗意的年华，为什么不给他们以诗？我喜欢朱光潜先生的一句话，他说："诗是语言的钻石。"你想修炼语言吗？请读诗。要养成纯正的文学品味，请从诗歌入手。诗歌、小说、散文等一切艺术，包括建筑、音乐、雕塑，当达到一定的高度之时，你会看到诗之光。

（讲稿整理：云南省曲靖一中何英、钱炬、代利梅）

醉在教书的时光里

语文课堂是我的某种存在方式、生命方式，是我诗意语文的道场，是我精神的朗照。也许百鸟和鸣，繁花似锦；也许草长莺飞，鸢飞鱼跃；也许会然一笑，无声有声；也许思路幽深，苦思冥思。每一个瞬间都有其独特的况味。

一、初登讲台的尴尬

我初登讲台的第一节课讲的是鲁迅先生的《我的自传》。整个暑假我似乎都在备课，这篇短短的千字文，我都可以背得下来，却真的不知从何讲起。第一次意识到读书和教书原来是两码事。

天很热，学校操场的四周有两排白杨树，骄阳里白杨树密密匝匝的树叶发出"哗哗"的声响，在教室里都听得到。学生们呆呆地看着满脸不知所措的我在讲台上窘态万分。我把自己搁浅在讲台上了。备了一个暑假的课，其实一直都只是在"背"课，没有"讲台"经验，又加上紧张，作为教者，没有互动没有倾听，只有一味地"讲"，结果不到20分钟，我就用快节奏的语速说完了我能说的一切。

接下来留给我的只有尴尬。我站在讲台上看着62个孩子无语，简直要哭出来。夏日的熏风那么使人陶醉，草地上有五颜六色的花儿在盛开。

而当时的我连一句"自己看书"这样最简单的指令都不会发，就那样戛然而止。我庆幸那一节课没有校长和指导老师来听，否则我相信，我不会再有资格做教师了。

记得我去校长室报到，于秋莲校长端坐在办公桌前正在翻看我的档案，看见我十分愉悦地说："太好了，我们来了一个本科大学生，听说还是个才女，欢迎你啊！"她热情地和我握握手，她的手好温暖啊！我顿时对这所陌生、简陋的学校产生了几分亲切感和归属感。

可是，第一节课我就把自己"挂"在黑板前了。连从讲台上下去走一走的勇气也没有，我就那样红着脸怯生生地站在讲台上仿佛经历了整整一个世纪，学生先是愕然，之后是小声交流一下，再后来便是鸦雀无声，至于他们在干什么，我也记不清了。我真的看不到，看不到他们。

几乎是全线崩溃式的初战促使我把读书作为自己的主要生活内容。我去学校图书馆找来与语文教学相关的书籍，如饥似渴地读起来，和大学时代相比，我读书的角度有了很大的不同，开始侧重于语文课堂教学。随着阅读量的增加，我的摘抄本日渐厚实起来。

当时语文组的沈秀英老师的语文课以生动取胜。她把朱自清的《春》讲得如诗如画。"小草偷偷地从土里钻出来"，一个"钻"字她讲得那么好。"她怎么就只讲这个字呢？为什么这一个字就能带动那么多呢？她是怎么设计的呢？"我一直在想。

沈秀英老师是那么爱读书，她有一大摞摘抄本，她毫无保留地借给我看。后来市语文教研员闫承玉老师经常"抽查"我的课堂。从板书到手势，到教学的语气，逐一指导，我终于完成了课堂的第一次"突围"。

二、说说我的那些课堂

我喜欢李易安的那句"却道海棠依旧",有迂回、有婉转、有哲理、有坚守,有筋有骨、有情有美、有问有答,峰回路转,山重水复。

从工作之初的组级公开课到后来的国家级赛课,作为一名一线教师,我逐渐在课堂中成长,在坚守中成长。一点点地砥砺,一点点地打磨,一笔笔地勾画,字斟句酌,力求做到字正腔圆。

有时以为自己有进步了,却发现自我是最难超越的。无论上多少课,我们永远上的是"我们自己",课堂永远带着浓重的自我烙印。如果有鲜明的长处,也往往就会有致命的短处。

2014年冬,我去哈尔滨给国培班作讲座,翻检自己的课堂录像不堪卒"听"。我在课堂上还是有那么多废话:滔滔不绝,感慨不断,总是少了一分倾听与从容。

记得在刚刚做老师的时候,讲《愚公移山》。那是我第一次上组级公开课,同组老师就曾诚恳地指出我的这个问题。我当时心里并不十分服气,以为课总是要"讲"的嘛。过了那么多年,讲了无数的课,真正有勇气面对自己课堂上的这个问题,居然是25年后了。看着自己在课堂上几近聒噪的样子简直有点无地自容。

想起太阳神阿波罗神庙门楣上镌刻的那行小字:"人们啊,请认识你自己。"

我上《愚公移山》时,刻意模仿了钱梦龙先生的同题课。当时影像资料非常缺乏,教育类的书籍也少之又少,我凭借的是大学时代教育教学法课看钱先生的这节录像课的印象去画虎类猫,洋洋自得一番。最让我赞叹的是钱先生的那一曲问:"参加移山的有几个人呢?邻居寡妇去了吗?那个孩子几岁了?"于是本课的一个难点句子"邻人京城氏之孀妻有遗男,始龀,跳往助之"就迎刃而解了。虽然是照抄照搬,有生吞活剥之嫌,但那鲜活而又强烈的课堂问题意识却深深地在我的头脑中扎下了根。

后来又迁移了一下，用同样的思路去讲陶渊明的《桃花源记》。因为自幼就喜欢读书，那一点点功底在我初为人师解读文本的时候就派上了大用场。区教育局要进行课堂教学测评，每个学校需要按"老中青"一定的比例派教师上课，我就在其列。只有三天的备课时间，这对于一个只有不到半年教龄的年轻教师来说，时间着实紧迫了些。我手头除了一部僵化的教参以外再无其他资料。无奈之下，我只好硬着头皮一遍又一遍地阅读文本，在文章中在段落中在句子中在字词中寻找，寻找那份特别的东西，尽量曲问，尽量体现文章的整体美，既要有意境，又要紧紧扣住语言。这恐怕是我平生第一次为教学而细读文本，第一次真正地为教学而"我读"。

课堂设计得还算别致，为学校赢得了一个 A。这一课让我在学校里得到了认可。自此，我在四年时间里上了数不清的公开课，甚至怀孕七个月仍然上观摩课。当时我们学校是"窗口"学校，经常有外市县来学习、听课的老师。

在语文教学上，我坚持有所教有所不教，并且把课本以外的古诗、美文引入课堂，鼓励学生们多读整本的书。那时教初一，孩子们阅读量大得惊人，也背诵了大量的古典诗歌，班级有手抄报《流萤报》。周末逛书店已成了他们的"文化自觉"。周记和作文每每都有可贵的亮点。学生们喜欢我的语文课甚至为之痴迷。作为一名教师我拥有了课程意识，有了课程资源开发的意识并且有行动力。只是我凭的是直觉，凭借的是对语文朴素的情感。因为我自己就是一个热爱文学和诗歌的"读者"，坚信只有这样才会学好语文。

那时自然是有一些压力的。有一些杂音，有一些质疑之声，短期内我教的学生的语文成绩不占优势，我又是一个人微言轻的年轻教师，还有点儿一意孤行。感谢我的学生对语文的爱，感谢学生家长们对我的信任，感谢于秋莲校长的那份知遇之恩。是他们让我一路前行，自信而从容。

三、那些暗淡的瞬间

1997年参加省市说课大赛，初赛很轻松就过关了，初赛我参赛的篇目是《荷塘月色》。复赛必须换篇目，我选的是苏轼的《念奴娇·赤壁怀古》。几千字的说课稿我背了整整一个礼拜，还有点磕磕绊绊，只恨自己"背功"太差。当时儿子五岁半，因为连续七天听我翻来覆去地背说课稿，他居然背下来了，并且滚瓜烂熟，弄得我哭笑不得。

参加全国大赛时我37岁，并且已经是特级教师，是"高龄"的选手。课堂导语部分只有三句话，这三句话明明是我自己写的最简单的排比句，当时刘云川校长派语文组两个同事陪我赛课，他们早已倒背如流，可我就是难以成诵。上课前，我们三人坐出租车去会场，我仍然在痛苦地默背，她们两人深感不可思议。

我其实有许多锻炼的机会。如在少年时代一直做班长、大队长。按理说，应该为我成为一名教师打下良好的基础。可是我的心理素质实在不能令人满意，一紧张就会忘记教材，忘记学生。还经常会白脸进去，红脸出来，只好自我解嘲。语文教师必须把自己调到兴奋挡，否则很难出彩儿，很难有漂亮的生成。我是一个情绪型的教师，缺乏理性深度，读书偏爱小说、散文、美学，对艺术化的哲学还能消受得了，那些富有理性的东西读起来就会味同嚼蜡。上课的时候洋洋洒洒，做不到行止自如，收放有度。《红楼梦》可以讲上十节课，很少能够严格遵守学校的教学计划，还要美其名曰"有个性"。虔诚地认为语文就应该是美和诗意的，美和诗意是我语文的宗教。也很少有规范的板书设计，写满了学生自然帮我擦掉了。这种种情形都是一个所谓的优秀教师的大忌。

喜欢《柳敬亭传》里的这段话："生曰：'子之说，能使人欢咍嗢噱矣。'又期月，生曰：'子之说，能使人慷慨涕泣矣。'又期月，生喟然曰：'子言未发而哀乐具乎其前，使人之性情不能自主，盖进乎技矣。'"

柳敬亭的说书艺术可以说经历了使人笑使人哭，最后达到无声胜有声的境界。教学是一种艺术，是艺术就有不同的境界。

回顾自己的教学生涯，盘点自己的课堂，有进步，有发展，却不曾有真境界，对教什么还是有很大的局限，离"教什么篇目都能教好"还有很大的距离。

偏爱教学诗歌、散文、小说、古文、作文，其他体裁从未敢上公开课。另外课堂设计个人化烙印、程式化色彩还比较浓。

在课堂里一点一点地蝉蜕，一点一点地精进。可还是无奈地发现，自己还是自己，和二十年前十年前相比，有变化却又不大。人，最难的是超越自己。

四、我的三次进步

第一次进步，是由刚刚登上讲台时很紧张到后来有了一些从容，由原来的脑子里只有讲稿文本，变得逐渐有了学生，"目中有人"。

第二次进步，是在课程改革的浪潮里，不停给自己注入新的理念。特别是2000年参加园丁工程跨世纪国家级骨干教师培训，视野开阔了，知识结构有了新的改善，课堂教学也产生了深刻的变化。

第三次进步，是在60多节各级各类赛课和观摩课中积累了较为丰富的课堂经验。

如果抛却那些败走麦城的事儿，在自己的教学生涯中的确有值得一提的课堂故事。

比如，同是一节诗歌专题课，我曾经给职业高中的学生、普通高中的学生、大学三年级的学生上过，同样的教学内容、教学设计，课堂实施的过程却大相径庭，效果各异，这是对教师教学智慧的挑战，也是对自己潜能的某种再开发。

有一年在河南郑州讲课，走进教室才发现，我准备的是高中课，学生却是初二的学生，不仅学生没有教材，而且只有疏疏落落的十几个孩子，有点突然，没有准备。良好的应变力让我在突发的课堂里能够从容面对。我边讲边调整自己的教学计划，孩子们也由一言不发到争相发言，到精彩不断。现在想来那节课才是我真正兼具"教"与"学"的典范课堂。

　　孔夫子有言："随心所欲不逾矩"。很多时候课堂的即兴生成，灵感的碰撞，往往产生灿烂的智慧火花，那一瞬真是令人陶陶然，这也是身为教师的独特生命体验。课堂让我在平凡的工作中保持高山雪冠般的自尊，把我带向心灵所指示的道路，让我和我的学生用高远辽阔的眼光去看待人生与岁月。每一堂课都是一次出走和远行。语文课堂不仅给我以文学气质，也给我以生命的热度与诗意，让我仰则观象于人，俯则观法于书。

语文素养二三话

一个人的语文素养很大程度上决定于他的高中语文积淀,决定于高中毕业后的阅读习惯。

语文素养是一个很抽象的概念,又是一个具体的渗透在生活缝隙中最微小的所在。

曾在仲秋的拙政园逢上海复旦大学的学生,一群青春袭人的天之骄子兴奋地读着楹联,可是他们不仅把楹联读反了,断句和个别语音也有误。看着满园的秋色,满园的精致,满园的中国文化,满园的"语文",作为中学语文教师,我不知道该说些什么。

当语文成了即食,成了快餐,成了一份又一份的试卷,文本成了知识点,成了背诵任务,成了散发着陈年腐朽之气的老旧篇章,我们谈何语文素养?

我不知道英国的绅士之风是否源自伊丽莎白时代的积淀,我不知道法国的浪漫之气是否和路易十四的提倡风雅有关。我知道,上个世纪的80年代是中学语文的黄金时代,那是一个崇尚文学、对诗人礼遇有加的时代,是阅读成风的时代,是在公园、在街角、在影院人人都要以捧着一本书为荣的时代,甚至男女恋爱谈论最多的也都是诗歌、文学、作家。

那时候,相声都要把一个不知道奥斯特洛夫斯基的《钢铁是怎样炼成的》

的男青年当作嘲讽的对象。

当年的影视红星刘晓庆的自传《我的路》，向粉丝炫耀的不是名包、豪宅、跑车，而是她读过 30 本西方名著：司汤达的《红与黑》，梅里美的《卡门》，列夫托尔斯泰的《战争与和平》……

上中学的时候，同学们交换得最多的是小说，谈论得最多的是文学常识。我在我高中的一个同学那里知道了罗曼·罗兰的《约翰·克里斯朵夫》，在另一个高中同学家的书架上发现了但丁的《神曲》。在新华书店买到了雪莱、拜伦、普希金的诗集，在母亲任教的学校图书馆借回来莎士比亚的全集……

那是时代之风尚，是一代人的风气。

虽然后来我们上了大学，术业有专攻，但彼时语文的素养、语文的奠基已经形成，我们那代人很多都是有阅读习惯的，读书是我们的休闲方式，也是我们的享受方式。

语文的素养，有天赋的成分，也靠后天的培养，而后天的学习中最最重要的就是读书。

莫言和世界上绝大多数的作家一样，他没有读过大学中文系。他在他的故乡山东高密东北乡村头的大树下完成了他的自修。在那里他阅读了他能借来的所有小说。

汪曾祺说："一个爱读书的青年人总不至于学坏。"毕竟阅读铺就了一个人的精神底色。

我的一个朋友是一个爱读书的人，她毕业于农学院的农学专业，她的爱子到了墨尔本留学，她在微信朋友圈里发了一组儿子的背影照片，然后写下了这段文字：

有些事，只能一个人做；有些关，只能一个人过；有些路，只能一个人走……

所谓父女母子一场，只不过意味着，你和他的缘分就是今生今世不断地目送他的背影渐行渐远。你站在小路的这一端，看着他逐渐消失在小路转弯的地方，而且，他用背影默默告诉你，不必追……

以上文字摘引自龙应台的《目送》，用得真好，真贴切，有意境，有感受。

我的另一位同学本科学的是历史，研究生学的是法律专业，现任某省高级法院庭长。闲来无事，他偶尔写写"红"评，偶尔填词赋曲：

飞龙天游

《易》云："憧憧往来，朋从尔思。"天者昼逝，存者夜喊，万年尘情功非过！错将弯月鹉日苏！三国分合天定，万载几士贵天语，蒙将天象垂此？

青月无醉，世华沉浮。挥泪对杯唯诗少，回溯秦月汉关骑！憧憧万里客方识？富贵本无种，弱强志群思！

《诗经》言：知我者，谓我心忧；不知我者，谓我何求！人本少忧！草尚无愁！心有千千结，湍夺溪溪流。

挥散一壶浊酒，高鹏醉陪川流！寂寂夜风云晚，不觉宵深人困？砥言覆水再收。

试问这样的语文功底，语文素养，这样精美雅致的语言，当今中学语文教师有几个能解能敌？

"六零后"的大学生，又有几个不是"文学青年"呢？

文学素养往往决定了一个人生命的品质和那份生存的诗意与品位。

我特别喜欢给理科班的学生上语文课。我以为一个理工科出身的人一旦有了文学素养，那一定是天下第一等好事。

理科班的孩子，特别是男孩子，往往是所谓的数理化达人，而语文往往是他们的致命的短板。于是他们思维刻板，人文精神缺乏，语文素质贫乏、贫瘠甚至贫血。

激发学生的兴趣，让孩子们对语文爱起来，并且让他们保有持久的兴趣，把对语文的爱和阅读习惯延续到未来，这是我要努力抵达的目标。

博博是一个理科高材生，我认识他的时候他的数理化三科成绩可以名列年级前茅，而语文和外语的情况却令人担忧。

让学生对语文感兴趣，语文教师首先要对语文充满了浓厚的爱，并且善于把语文美好的东西通过巧妙的方法展现给学生，让语文课变得有趣、富有变化、丰富厚重而灵动。

记得讲"日中则昃，月满则亏"的时候，我引用了《三国演义》李恢说降马超的那一段原文：

"吾闻越之西子，善毁者不能闭其美；齐之无盐，善美者不能掩其丑；日中则昃，月满则亏：此天下之常理也。今将军与曹操有杀父之仇，而陇西又有切齿之恨；前不能救刘璋而退荆州之兵，后不能制杨松而见张鲁之面；目下四海难容，一身无主；若复有渭桥之败，冀城之失，何面目见天下之人乎？"

博博的眼睛亮了，执意要背诵这段文字。他是一个"三国"迷，没想到"成语""典故""文学""文化"就这样藏在小说里，真是奇妙极了。从此，他爱上了语文课。

2015年博博考取了大连理工大学，一入学就成了文学骨干，在校级诗朗诵比赛上一路过关斩，在最终评比中获得了评委老师们的一致好评，在"十一国庆征文比赛"中更是斩获了一等奖。

有时我也在想，这太神奇了。读高二的时候博博还把语文课当作"休息课"呢，我刚刚接手的时候他的作文还是错字连篇呢，忽然间所有沉睡在他心底的字句章节都活醒了过来，都有了生命力和表现力。

教育是有契机的，语文是要守候的，是要有时间的淘洗的，是要经过心灵的育化之后方能文眼大开的。

牡丹江传媒集团有春联有奖征集活动，博博积极参与、信心满满、志在必得，最终大获全胜：

菜蔬本无奇，五味调和，厨师巧做十样锦。

酒肉真有味，四季轮回，员工遍尝万种鲜。（食堂）

泉水滴滴滋水稻，色香味美名驰天下。

春雨丝丝润新米，甜软糯弹誉满舌尖。（大米产品）

试想有着扎实深厚的专业知识的博博,再加之爱好文学,自然是如虎添翼的。

某年元旦,我校一幢教学楼的春联被稀里糊涂地贴反了,两天内,进进出出的教师学生超过千人次,然而大家都熟视无睹。

陈彦存校长在各教学楼巡视,好读书的他凭借着对语言的敏感一下子就发现了这个问题,陈校长是化学专业出身。

语文素质是什么呢?还是很难描摹清楚。但是既然语言是人类存在的家园,那么语文真的关乎我们存在的方式,大到家国岁月,小到举手投足,它直指心灵。

不经意间的流露更是语文素养天然不着粉饰的芳华。

书,永远不会白读的。当书沉淀在心灵血脉细胞的时候,我们就会说:瞧!这就是一个人的语文素养。

感受语文之美

我喜欢蒋勋,喜欢他的修养,尤其是他的文字表达,所谓"温润如玉",应该说的就是蒋勋对母语对汉字切磋琢磨后的那份化境。

唤起人的"爱美之心",是蒋勋一向的追求。《写给大家的中国美术史》仍然名列"大家小书"系列,十一月的珠海之行,我决定携此前往,润泽灵魂,精神美容。

喜欢读关于美术的鉴赏类文章,我的启蒙书籍是在读大学的时候,颇有绘画和文学天赋的大舅送给我的一本美术鉴赏辞典。后来读丹纳的《艺术哲学》,读《梵高传》《罗丹传》,对美的向往,对艺术美的向往也正是源于那个时期,曾经去师大的美术系旁听过美术史、美术鉴赏类的课……

讲美术史蒋勋自然在行,而讲得简明生动蒋勋的文字更当行。

一、语文课要用学生的视角

"我开始重新思考,如何可以摆脱学者的卖弄,如何摆脱知识专家的炫耀之心,单纯地像孩子一样,去再一次观看那中国古老的彩陶、斑驳的青铜器;看故宫博物院一片一片发黄残破的绢帛上,晋唐人的字迹和墨痕;看矗立在石壁上巨大的北魏石刻佛像的庄严；看深藏在洞窟中暗无天日，然而依旧灿烂夺目的敦煌彩绘……"

是呵，不可"卖弄"，不得"炫耀"，要"单纯地像孩子一样"，语文的世界如美术的世界一样浩瀚辽阔深厚，如地远天高，却不能用所谓"玄奥"之法去上语文课，可以把文本解读得深、厚、广，却要用"单纯"的方法，"单纯"的目光和学生们一起去打量、阅读、体验，课堂的教学设计宜简、宜轻、宜曲、宜小，举重若轻，说的就是这个道理，大道至简亦应如是。

学生读了这个文本，他看到了什么？他可能对什么感兴趣？我们应该用他们喜欢的什么方式，带领他们走进文本的深处？

语文、汉语的深广比美术作品更甚，而课堂的呈现方式、视角如何贴近学生，简而不琐，简而深邃，是我要永远思考的问题。

二、诗意语文其实是一份对美的信仰

读蒋勋读到"这个民族，历经数千年不曾停止对美的信仰"，莫名地感动。"对美的信仰""历经数千年""不曾停止"，这正是我们这个民族生生不息、百折不挠的精神力量。何为语文的诗意？究其实质就是要给学生们一份信仰，一份美的信仰，一份对母语、对中国、对中国文化的那份美的信仰。"诗意"是一种精神的力量，是关乎心灵、人性、人生的美好与自在。

三、对话是迷人的呈现手法

在"象征文字"这一章节，蒋勋有如下表述：

老师问学生们："有没有看过早上的太阳？"

学生们说:"有!"

"可以画下来吗?"

"可以!"

……也有人在太阳的下方,又用绿色画了一条水平线,代表大地,太阳就好像从地面上升起来一样了。

注意,这是在写中国美术史呀,蒋勋却写得如此悠闲,如此迷人,如此宁静致远。

远古与当下,息息相关,心心相印,温暖有情,对话让人参与其中,灵魂在场,瞬间我们跨越七千年的横亘,有了懂得的感动。

对话,是凝视会心之后的了悟,是触摸,是温度。

很多时候,我们被"隔"所困,教师与文本相隔,教师与学生相隔,语文课重"隔"叠嶂,师生语文一起陷入无边喑哑。

庄子与大自然对话,相视而笑莫逆于心,他冲口而出"天地有大美而不言,四时有明法而不议,万物有成理而不说",这是对话后的生生不息,通与融。

语文课上,如果师生之间有了真正意义的对话,那将是美,是生命,是语文的奇观。

倾听之后才有对话,窦桂梅老师曾说:"学生的课堂发言,就是我的课程资源。"

师:"青青"是什么颜色?"青青河畔草"的"青"。

生:绿色。

师:"湛湛青天"的"青"呢?

生:蓝绿色。

师:对色彩敏感。

生:也可能是宝蓝色。

生:也可能是灰蓝色。

生：也可能是深蓝色。

师：有道理，"青青子衿"的"青"是什么颜色？

……

这样的对话何尝不是一种美好。表面上师生在谈颜色，实际上是在探求中国的文化、中国式的审美，以及诗中的内在情感。闲庭信步似的聊天，聊得轻松，却又优雅深刻。

四、只有拥有深厚的学养，才会妙手偶得

好的语文课充满着精神之美、艺术之美、思想之妙和智慧的点点灵光。其实这一切都源于教者深厚的学养和教育的智慧。

在介绍汉代绘画时，蒋勋有这样一段文字："和'飞'这个动作联系在一起的，除了鸟类的翅膀之外，还有天上飘飞的云，……汉代人也喜欢把动物和人结合在一起，便造成人头鸟身，或者人头蛇身的造型……连中国人的祖先伏羲、女娲，在汉代画像砖上也成了人身蛇尾的造型……一直到现在，这种习惯还保留在我们生活中。例如，中国人都有生肖。"这种纵向的比较，大开阖的比照，体现了作者广阔的阅读视野，给读者带来不一样的思考和发现。

对比深化是语文课堂教学的又一法门，在对比中明暗、主次、异同、节奏等得到彰显，对比是对文本的再一次充实，是对文本的再一次解读，再一次的构建，再一次的开发……因此也愈能检验教师的阅读功底、教学智慧。

蒋勋由汉代的壁画想到上古的神话传说，由上古的女娲伏羲想到当下我们每个人都拥有生肖，自由舒展，推陈出新。

五、从色彩的绚烂到线条的勾勒，语文课应有弹性

"当色彩消失之后，中国绘画的线条一样可以使画面充满动态，空间的层次也一样十分活泼。"（蒋勋语）

中国画有一天褪去了汉代朱地的彩绘浓厚的色彩，褪去了青绿山水的淡青浅绿，用线条用黑白述说着绝色之美，用毛笔勾勒云气流动的蜿蜒之美，甚至用"皴法"的顿挫表现内心的感动兴发，表现花草和远山近水的生命，中国绘画已走入潇洒飘逸出尘的境界。

静水流深，当一个语文教师的诗书学养可以着一"语"而成春的时候，也许仅仅是白描而不用语言的铺排与渲染，也许仅仅是叙述而不用抒情与议论，也许仅仅是用一字一词甚至是一个标点，就可以诗意盎然、摄魂夺魄、颠倒众生。

绚烂至极归于素朴，最高的诗意是那份禅一般的简单与宁静，课堂上没有所谓的热烈与热闹，却有着师生在语文中的会心与默契，在更高的层面上完成语言的体味、思维的碰撞、审美的观照、文化的理解。这样的语文课像音乐一样、像大自然一样充满悠然的弹性张力和魅力。

六、永远以成长的姿态做教师

美是一个时间的问题，语文课堂的境界也是一个不断丰盈充实的过程，学而无涯，教师应以成长的姿态不断成就学生，成就自己。

"敦煌的洞窟，从公元四世纪开始，经历了北魏、西魏、北周、隋、唐、宋、西夏、元等好几个朝代不停地经营，大约有一千年的绘画资料都保留在那里，真不愧为敦煌宝库。"

一千年，一个民族以精卫填海、夸父逐日的精神品格画一幅洞窟之画的长卷长轴，所以才有永远的敦煌，永远的东方之美。

我们如果把语文课堂视为一个工程，一个需毕生添砖加瓦，需毕生雕梁画

栋，需毕生涂抹勾画的艺术品，也必将蔚然深秀，蔚然大观，生机勃勃，俯仰皆春。

于漪老师的"一辈子做教师，一辈子学做教师"，此言得之。我们这个民族是最懂得美、最懂得诗意的民族。在枯寂的洞窟，在无人的沙漠，在西北的地老天荒中，一千年日复一日地创造美、表达美，这不仅仅是诗意地栖居，而是诗意本身。米开朗琪罗不过是赋予了大理石以生命的热度，赋予了大理石以灵魂，意大利就为他兴奋狂欢了好几个世纪，而敦煌是北魏、西魏、北周、隋、唐、宋、西夏、元等众多的工匠在这里表达爱与美，他们来自民间，来自社会的底层，也许他们衣不蔽体、食不果腹，但他们是艺术家，他们把对生活、对艺术的兴发感动留给那片土地，留给有着五千年文明史的国度，留给山河岁月，他们却没有留下姓名。"敦煌壁画颜色丰富而且热烈"，残酷的自然环境、薄情的社会没有消磨消解他们对美对、诗意的热情。

意大利只有一个达·芬奇，一个拉斐尔，浪漫的法兰西只有一个罗丹，中国千年岁月当中却拥有一个艺术家的方阵，一个艺术家工匠的仪仗队。

如果语文课不能给人以美感，一种生动的姿态，一种充满联想和想象的美感，那就不是一节真正的语文课，那只是被肢解的冰冷知识的残骸和满目疮痍的习题。

七、"不变"的真谛是"变"

中国美术史从"象形文字"到齐白石、徐悲鸿的绘画，丰富着，生长着，变化着，变化是终极的真理。

唐代的菩萨画像已有了人间的烟火之气，有了宫廷的影子，也因此变得特别的美丽，菩萨已由佛界来到了人间，也融入了东方西方南方北方共同的优点。

一方水土养育一种美。五代时北方的荆浩和关仝，都以画高峻的大山出名，岩石也比较方正坚硬，可是南方的画家就很不一样。江南河流很多，地势比较平缓，草木也很茂盛。因此，五代时南方的画家，像董源，画出来的山，多半是圆圆的土坡，很少陵直的感觉，也没有坚硬的石块。

语文教师的语文课一定有他读过的书、走过的路、看过的风景，叶澜先生说"一个人的阅读史就是一个人精神的成长史"，一个语文教师精神的成长也会投影到他的课堂上。

诗意语文是一个渐变的过程，一个充满生长力的所在，这才是真实的课堂，真实的语文。

诗意语文不变的就是"变"。

蒋勋的《写给大家的中国美术史》让我对我们民族的那份"美的信仰"充满了信仰，让我对语文教学充满无尽的期待。

语文课应该有强烈的语言意识

吴非老师关于庄子的《逍遥游》的教学设计丰富博大而又厚重。整节课紧紧围绕"逍遥"来设计，逻辑严谨，"何为逍遥""为何逍遥""何以逍遥"环环相扣。就整节课的设计而言，体现了教师高度的课程意识，课堂容量大，问题设计精准独到。"秋水"和"鼓盆而歌"的适当引入，不知不觉中将学生带到整本书的阅读状态中，激发了阅读的兴趣。庄子是先秦诸子当中最会讲寓言故事的人，庄子的寓言充满了美的诗情与人生的哲理，教师在教育教学的过程中不经意地为学生打开了一扇窗子，于是这样的课堂便熠熠生辉。语文教师的阅读视野决定着他的语文课的高度、深度和广度，由"逍遥游"的"逍遥""无待"到"秋水"的"望洋兴叹"到"鼓盆而歌"的"生死两望"，让学生真真实实地触摸到了庄子的辽阔无垠、坦荡无真，进而更能理解"且放白鹿青崖间"的李白，更能懂得被贬黄州的苏轼何以能"飘飘乎……羽化而登仙"。

儒道是中国士大夫的精神内核，儒道互补是国人的精神底色，甚至以集体无意识的方式顽强地留存在我们的精神世界里。引导高中生学习《逍遥游》，更加理性科学地认识自己、认识世界，是非常必要的。

儒与道，一个入世，一个出世，一个乐观进取，一个消极避退，但实际上它们又相互补充而协调。

庄子有着浪漫不羁的想象、热烈奔放的情感抒发、独特个性的追求表达，《逍遥游》从内容到形式都给中国艺术发展提供了新鲜的动力，给汉语提供美的典范和华章，使中国人的人生充满了审美的态度、充满了深情。《逍遥游》使人生超拔。

在课堂上，让学生知道什么是真正的逍遥，"若夫乘天地之正，而御六气之辩，以游无穷者，彼且恶乎待哉？"对于学生来说无疑是一种"打开""加厚"的过程。

但是纵观这节课，总觉得这节课对语言的揣摩体会还不够。

叶圣陶先生就曾说过："一九四九年中华人民共和国成立之后，规定语文科的教学包括语言和文学的任务。"语言文字是走向《逍遥游》精神内核的路径，"语言教育虽然离不开情感、态度和价值观，但最后总要落实到正确理解和运用祖国语言文字的知识与能力……"（王尚文）

语文学科核心素养有这样几个维度：语言建构与运用、思维发展与提升、审美鉴赏与创造、文化传承与理解。语言、思维、审美、文化这四个关键词中学生语言的建构与运用是语文素养的重要所在。积累丰富的语言材料和言语活动经验，具有良好的语态，是语文课有别于其他学科的独特的学科性质。一节好的语文课一定是在语言文字间跌宕腾挪、一顾三返、反复涵咏的，课文理应该具有强烈的语言意识。庄子的语言堪称汉语的典范，《逍遥游》更是庄子的代表作，汪洋恣肆、横无际涯。

感受庄子的哲学、美学、人生之学，感受他的超拔，了无挂碍无待的逍遥与出世，最好的办法也可以说是语文课唯一的办法，就是引导学生用心灵贴近庄子的语言。

真正出色的作家，并不简单地把语言作为表达的工具，特殊的语言方式成为思维路向与生命体验的精神符号，语言饱含着丰满的血肉与活跃的精魂。

"北冥有鱼，其名为鲲，鲲之大不知其几千里也。化而为鸟，其名为鹏。鹏之背，不知其几千里也。"这样浪漫无涯诗性的想象，趣味横生而情绪丰富的表达，庄子居然用的是记叙，连描写都少用，就更不用说议论和抒情了。元气淋漓的记叙，大开大阖，天地玄黄，宇宙洪荒，北冥南冥，鲲鹏幻化，真是"天地有大美而不言"。感受语言，可以朗读，可以析字，可以对比，可以记诵，可以联想想象，可以谈儒论道，却不可远离语言。

"若夫乘天地之正，而御六气之辩，以游无穷者，彼且恶乎待哉？"

"若夫"已成唐宋散文、议论抒情的某种范式，音阶响亮，大气磅礴，"乘"是趁着，是顺应，是天人合一，是随意而安。三才者，天地人。人在长天之下，大地之上，是同在，是感应，是呼唤与回答。"御"是驾御着六气的变化，幻化是有多美。"变"是永恒的，"不变"是暂时的。《易经》是"变"的经典，是唯一一部既收录儒家又收录道家的经典，"逍遥"是仰望的高度。"游"是最高的境界，无羁绊、无牵挂，是自由自在，比"飞"的境界在某种程度上讲应该是更高。"飞"还有一份努力、一种强大、一种执著，"游"则率性而自由。"游"的对象是哪里？是"无穷"。"无穷"是什么？已不再是山川大地岁月红尘，而是更辽远的宇宙。这就是宇宙的境界，昂首天外的情怀。

也许是第三课时的缘故，也许是教学设计简洁的原因，吴非老师的这节课对语言的品味、对语言的凝视、对语言的揣摩还不到位。

如果能够遵循由语言而思维、由语言而审美、由语言而文化这样的思路，也许这节课就更有语文的意蕴。

总之，语文课应该有强烈的语言意识。

第三辑　教学设计成就教师内成长

　　备课与教学设计是一个不断构建而又解构的过程，是创造与摧毁的过程，是教师内成长的过程。

　　于漪老师说：教育在本质上是增强人的精神力量，真正的教育是引导灵魂到达高处的真实之境。

　　我们应守护汉语的诗意，守护心灵的成长。

如何设计一节好课

陆游的《卜算子·咏梅》是一首脍炙人口的小令，很多学生是熟悉的。

2019年初，我应邀参加首届"中国诗歌教学"大会，地点在长沙。长沙是历史文化名城，古典诗歌的源头，诗人余光中曾说："蓝墨水的上游是汨罗江。"

因此浅则深之，短文长教，让课堂别致而富有弹性，是我在备课中时时要想到的。

一、让课堂充实而丰美

课堂的容量既是课堂的"数"，又是课堂的"值"。课堂的容量既是对教师阅读视野和课程开发能力的考量，也是教师之于课堂效率的担当和责任。适量、适度、分寸感是技术，更是艺术，也是工巧。

语文课堂要有充实而丰饶的美丽。课堂的导入看似是最可以"虚化"的环节，实则教者理应化虚为实，使课堂饱满充实，使教学丰饶。

用俄罗斯诗人普希金的《假如生活欺骗了你》（节选）导入：

假如生活欺骗了你，/不要悲伤，不要心急！/忧郁的日子需要镇静：/相信吧，快乐的日子将会来临！

  对比是一切文学艺术的不二法门，对比可以产生张力，张力就是魅力。普希金是俄罗斯诗歌的太阳，俄罗斯诗歌之父。他对于专制黑暗的沙皇时代，对于自己生命里的坎坷苦难的认识，是用直抒胸臆的方式来表达的，具有冲击力，热烈奔放，排山倒海，有一种无拘无束的阳刚之美。

  对于普希金的诗，虽然跨越了时空、跨越了国度，甚至跨越了个性心理，学生仍可以读过便懂。

  其实，读诗重要的不是读懂，而是读出其中的美，读出妙处和风格。

  用普希金的诗导入，巧妙地解决东西文化的对比这个大的问题，引领学生完成对东西文化不同的审美的思考。这个命题太大，太抽象，因此要落实、要具体化，用两首诗进行对比，可以化繁为简。

  在导入这个环节，貌似"先言他物"，旨在"引起所咏之辞"，学生在简单的"读读""说说"中，金针度人，完成与中外文学作品的初相识。

  语文课的导入环节不可小视，不可虚掷，一定要运斤成风，为学生打开一扇窗，让他们看到更远、更深、更经典的文学风景。

  普希金的这首小诗看似与陆游的《卜算子·咏梅》没有太大的关联，而正是这种巨大的反差，才使学生思接千载，联想想象，对比归纳，思维之训练亦可借此润物无声地展开。

  陆游《卜算子·咏梅》的含蓄隽永、温柔敦厚、乐而不淫、哀而不伤，不道破一字的中国美，在对比中尽可彰显，可谓力劲饱满。

  在细微处追求充实丰美，不独是课堂教学的导入，在课堂的结尾处也要留意、留心、留神，不可草草收兵，而应余韵徐歇。古人讲写文章应"凤头猪肚豹尾"，好的课堂设计也应如此。凤头，饱满充实丰饶美丽。豹尾，斑斓而有力，力透纸背，穿越文本，穿越、打通、圆融语言、文化、思维与审美。

  这节课的结尾也遵循这一课堂教学设计原则，用英国现代派诗人艾略特的《荒原》中的一首小诗《四月》，再次与陆游的《卜算子·咏梅》进行对比。

普希金的《假如生活欺骗了你》是大家熟悉的，抒情方式是直接的，而艾略特是大家陌生的诗人。尤其是他的《荒原》，用象征的手法，不免朦胧晦涩。其实，这里又有一个阶梯的问题。一节真正的好课不是圆满完成教学任务，而是留有余地保有空白，把学生的目光、心灵、思维引向更大的境界，更远的远方。

四月最残忍 / 从死了的土地滋生丁香 / 混杂着回忆和欲望 / 让春雨挑动着呆钝的根 / 冬天保我们温暖 / 把大地埋在忘怀的雪里 / 使干了的球茎得一点点生命

艾略特完成的是一种颠覆，他颠覆了春天和丁香的意象。他否定了人们已有的认知，他反传统，他对美丽的世界大声说"不"。

我想让学生们知道，这个世界不仅有"不变"，还有"变"，这个世界不仅有经典，还要有创新。我们这个民族把梅花当作美与坚贞的信仰，而世界这么大，并不是所有的族群都有这样的文化认知。

梅花不仅是陆游的，"何方化作身千亿，一树梅花一放翁"，更是我们这个民族生生不息的对美与善的信念。

课堂的充实而丰美，还体现在课堂设计的"层"与"叠"，层层叠叠、层层不息、叠叠有致。

比如，对起句"驿外断桥边"的解读，对整首词意象的揣摩，借助这样的板书体会意象的叠加，引导学生体会中国古典诗词的一个又一个密码。

香	驿	桥
泥尘	梅	黄昏
群芳	春	风雨

再如，对"驿外"这个方位名词"外"的深入理解，对"雨"与"雪"的体会等，让学生读出诗词中词语的细微差别，感受字字当行、字字入微的意趣。把诗读深读厚，让一首小令在文学中丰富丰盈丰满。

此外涉猎"花月"虚实、陆游其他的咏梅诗以及陆游的爱国情怀,"零落成泥碾作尘,只有香如故"是陆游一生的写照。

让学生在一首咏物诗里读出词人,读出他的人格、他的生命、他的力量与坚守,他的坚贞和深情的爱情,他的至情至性,他对国家的忠诚、至死不渝的无悔。

诗如其人。

在旁征博引中与学生漫步低徊于诗人精神的天宇、民族辽远的文化疆界,充实丰美于课堂的每一处眺望和每一次凝视。

二、让课堂活色深情

好的课堂应该是活的,活跃活泼,灵活有生命,还应该是有色彩的,五光十色,状难写之物如在目前。

好的语文教师应该绘声绘色,将抽象无声的文字激活,让语文释放生机勃勃的生命气息,让语文课充满声音之美、色彩之美,有 3D 电影犹不能及的效果。

"活色"并不是追求表面或形式上的五光十色和光怪陆离。一节有深度厚重、充实丰美的语文课,不仅是因为某种教育理念和思想之深刻,更多的时候是缘于深情,深情蕴于文本,蕴于每一个汉字,蕴于教者对母语对文本的知深爱切。

师:陆游的《卜算子·咏梅》是这样开头的——"驿外断桥边",有什么特点?我们先看看苏轼是如何写《水调歌头·明月几时有》这首词开头的那句话的。他说:"明月几时有?"

生:"明月几时有?"是问句开头。

师:苏轼用问句开头,非常霸气,这是在问天,奔放,豪迈,潇洒。生活在北宋的苏轼,大胆乐观,写得漂亮。"明月几时有?"

师:柳永的词《雨霖铃》的开头又不太一样,他说"寒蝉凄切",在这里你听到了什么？

生：我听到了蝉在叫。

师：声音？对，先声夺人的声音，柳永不问天，不问月，他听蝉的叫声。蝉声承载所有的悲秋和离愁。柳永作为慢词的作者，作为写情的高手，他听到了秋天大自然别致细微的声音，"寒蝉凄切"。陆游的《卜算子·咏梅》是如何写这开头第一句的呢？

生："驿外断桥边"。

师：哪位同学能翻译这句诗？

生：驿站旅馆外面断桥的旁边。

师：古汉语的字词掌握得真好。"驿"是"驿站"，即"旅舍""旅馆"，这既是地点，又是环境。

这是这节课的一个教学环节，师生对话共同完成对《卜算子·咏梅》起句的赏鉴、联想、想象。从东坡对天上金黄圆月的追问，到柳三变对大地凄切的微弱的蝉声的倾听，"明月""蝉声"有色有声，这些最中国的元素、最中国的符号活色生香，成为一粒种子，总有一天会在学生的心田上生根发芽。"驿外断桥边"这种不动声色的名词并列，能催生思想与情感的核裂变。

语文，是要在描摹语言、句式、句序、炼字的基础之上，透过语言，直抵情感与思维、审美与文化，美在形式、美在深情。

在我们引领学生用心灵感受汉字的温暖的时候，苏子的旷达、柳永的不羁、陆游的孤傲，凸显定影，语文课变得生动鲜活起来。深情是一种爱，没有爱就没有教育，就没有好的语文课。

语文教师必须是善讲之人，语文课教师要有出色的"讲功"：

"黄昏"是中国古典诗词的又一个密码。只有我们这样一个农耕民族，才会在黄昏时刻涌起无尽的惆怅，"日之夕矣，牛羊下括"（《诗经》），最动情的时刻、最惆怅的时刻、最忧愁的时刻就是黄昏，"已是黄昏独自愁，更著风和雨"。

讲课其实就在于一个"讲"字，课堂教学中适当的"讲"与"师生对话"

可以交替出现。

"讲"要有形象感，要"活色"。"黄昏"是一个时间名词，是一个极抽象的概念，教师要善于倾听，在学生回答"黄昏是愁苦的感觉"的时候，教师要适时升华，把中国的"黄昏"意象，从最早的《诗经》里拈出来，把"黄昏"的民族心理表达出来，要凝练，要有一份情感在。"讲"是升华，有时语文课堂要规避师生之间的低层次对话，教师要勇于通过"讲"将话题升华深化，使课堂既有思想的深度，更富有一种深情。

三、让课堂简净绚烂

课堂教学要有主问题意识，万"问"不离其宗，不可芜杂，不枝不蔓，不可旁逸斜出，是为简净。

课堂要充实丰饶，却不可毫无节制，要行当所行处，更应知止，止于应止处。

执教陆游的《卜算子·咏梅》时，在教学设计中有这样一个环节：

梅的花语：

1. 折花逢驿使，寄与陇头人。江南无所有，聊赠一枝春。（陆凯《赠范晔》）

2. 梅花妆。

3. 遥知不是雪，为有暗香来。（王安石《梅》）

4. 有女郎携婢，拈梅花一枝。（蒲松龄《婴宁》）

5. 别来春半，触目愁肠断。砌下落梅如雪乱，拂了一身还满。（李煜《清平乐》）

6. 借问梅花何处落？风吹一夜满关山。（高适《塞上听吹笛》）

这个教学环节旨在通过对梅花花语的梳理，加深对梅的认知，所选内容是十分用心的，有唐诗、宋词、小说、民俗等，可是在实际教学过程中已经没有足够的时间展开，于是删繁就简。

梅花代表着春天的美好，代表女子与思念，代表乡愁，代表风骨……

点到为止，读读想想也罢。然而这些经典的咏梅诗，梅的象征，梅的情致，已足够绚烂。

课堂一定要有美感，语文课堂一定要更有美感，诗歌的课堂教学一定要视美为命，并且要美得绚烂，美得摇曳多姿。

教学设计要美，节奏要美，教学语言要美，要多维多元解读文本，当然要美。细节要美，互动要美，情感要美，无一处不美，要美得有冲击力，要缤纷绚烂。

师：如果你为陆游的《卜算子·咏梅》画一幅画，你怎么画？
生：水墨画，画出梅的品质。
师："不要人夸颜色好，只留清气满乾坤"，你懂得王冕。
生：画梅花落下的样子。
师：这是一种对美的飘零的直视。
生：我画红梅。
生：我画梅的含苞欲放。
生：我画水边的梅。

这就是一种绚烂，每一个学生都有自己关于梅的想象和感动，绚烂其实是心灵的律动，是爱是暖是创造。

当然，一节好课的标准不仅是充实丰美、活色深情、简净绚烂，也许还需要奇思壮采、精致新鲜、广博约取、趣味丰盈……

一千个读者就有一千个哈姆雷特，一千个教者就有一千种好的课堂设计的标准。

课堂是遗憾的艺术，也许它的魅力正是因为某种不够完美。

课堂教学问题设计的"起承转合"

受邀给初中二年级的孩子讲整本书阅读,地点是山东济南。最初我是要讲王国维的《人间词话》,古典诗词需要读进去,更应该读出来。给初中生以必要的古典诗词的鉴赏方法,让他们知其然,然后知其所以然,养成纯正的文学品位,懂得古典诗词的思维方式、审美方式,从而对中国传统文化知深爱切。

于是我开始读原著,圈点勾画;读评论,把书向"宽"、向"厚"读去。愈读愈敬畏,愈读愈觉浩瀚。王国维的词话既是传统的,又是现代的,向前可溯《诗品》《六一诗话》《沧浪诗话》,王国维又博通中西,他把弗洛伊德、叔本华、尼采等西方哲人的思想融入其中。他的"境界说"吐纳了传统诗歌理论所能吐纳的,又吐纳了传统诗歌理论所不能吐纳的。

他不是简单地就"词"而"话",而是大跨步地关涉美学、心理学、哲学。

难则易之,繁则简之,大的原则易懂,实际的操作难为,窥斑见豹的功夫,我尚不具备。继续读,感悟,思考是我余下的又一作业,于是我决定暂时放下。

大学时代喜欢泰戈尔的《飞鸟集》,反复读过。再后来,作为学生的课外补充教材,又通读过。如今再读之后精心筛选几十则最具泰戈尔特色的诗句呈现给学生。

课堂教学的第一个问题设计应追求"平",这是开启之问,重在"起",如何恰到好处地设问，是中学语文教师永远的哈姆雷特之问，永远的天问。

泰戈尔的《飞鸟集》讴歌母爱童心，天地生命，对自然界的一花、一叶、一沙、一石充满了温柔的凝视，充满灵动的诗意与哲思。《飞鸟集》的题目更是深情绵邈，有对生命的叩问，有对终将飘逝的生命的赞叹与无奈。

第一个问题原设计为：泰戈尔的《飞鸟集》的题目有何含义？设想孩子们会沿着"飞鸟"想到生命的飘逝、飘零、无奈、感伤想开去，想到对生命的深情的爱，飞鸟无际无痕，伟大而渺小，沉重而轻盈，自由而执著。然而，大道至简。仔细思量，这个问题设计过大过重，学生在未读书之前不可贸然设计这样强势的劈头一问，于是从"平"从"简"，决定平中见奇，简简单单直接问去："你喜欢泰戈尔《飞鸟集》的名字吗？"

是呀！喜欢总是有理由的，让学生触摸文字，悟意境，凝望诗魂，散点透视，各言其思，各圆其说，不亦快哉！

教师倾听，对话，点拨，愈转愈深，愈转愈奇，简约地问，缤纷地答。

"飞鸟"是泰戈尔的人生态度，自由、洒脱、诗意自然，而《飞鸟集》开篇的第一则便是"夏天的飞鸟，飞到我的窗前唱歌……"

第一个问题是整个课堂的切入，宜平宜简宜细宜小宜快。

课堂教学的第二个问题应该是宏观的问题，就整本书阅读而言，一定要关涉到书的主要内容和艺术特色，如能"曲"问以尽致，善莫大焉，这是承接、承继之问，重在"承"。

我在郑振铎先生翻译的《飞鸟集》325则中精选10则小诗，以"你喜欢哪一则"开启，让学生们体会泰戈尔的"诗情与哲思"是如何抵达的。

无垠的沙漠热烈地追求一叶绿草的爱，她摇摇头笑着飞开了。（爱的艺术）
我不能选择那最好的，是那最好的选择我。（选择）
使生如夏花之绚烂，死如秋叶之静美。（生与死）
太阳只穿一件朴素的光衣，白云却披了灿烂的裙裾。（朴素）
绿叶恋爱时便成了花，花崇拜时便成了果实。（恋爱崇拜）

> 鸟翼上系上了黄金，这鸟便永不能再在天上翱翔了。（金钱）
> 黑云受光的接吻时便变成天上的云朵。（爱的意义）
> ……

追问：《飞鸟集》主要描写了哪些事物并用了哪些修辞手法？

此问旨在让学生把握泰戈尔《飞鸟集》的基本风貌，起到导读课"导"的意义，即用自然界的小草、落叶、飞鸟、星星、太阳、河流、雨滴等等，用比喻、拟人、对比的手法，表达对人生的主题生与死、爱与恨、选择与错过、爱恋与赞美、名誉与金钱等等的思考，体现了一位诗人的诗情与哲理，激发读整本书的兴趣。

课堂教学的第三问应向课堂深处沉潜，向语言的深层处去叩问，途经审美、思维与文化，在这四个维度中顾盼，流连，三致意。于是课堂的第三问应是整节课的华彩、咏叹，是师生文本的多重对话，是灵感乍现，是思维碰撞，是金戈铁马之音，是个性张扬你说我说的动人的精神画卷。

课堂教学的第三问重在"转"，转向深入转向深处。泰戈尔《飞鸟集》的第三问设计为"创造性仿写"。

> 夜对太阳说道："在月亮中，你送了你的情书给我。我已在绿草上留下了我的流着泪点的回答了。"（第124则）

思考：夜给太阳写的情书是什么？

众所周知，写是阅读的延展延伸。这一问题的设置足以让学生对泰戈尔式的独特表达有更深刻的理解。这无疑是一个曲问。

夜把对太阳的爱写在绿草上，流着泪点，多么唯美，多么深情，孩子们在这一片美的流荡中升华成长，思索表达。

没有比较就没有鉴别，将泰戈尔的《飞鸟集》与尼采的"谁终将声震人间，必长久深自缄默；谁终将点燃闪电，必长久如云漂泊"（周国平译）以及庄子的

"相濡以沫，不如相忘于江湖"和"肌肤若冰雪，绰约若处子；不食五谷，吸风饮露；乘云气，御飞龙，而游乎四海之外"作比较。

在横向的比较中引领学生再次体认泰戈尔《飞鸟集》的特点，海涅如火山，有一种激愤喷薄之心，如烟如岚宁静优美。庄子娓娓道来，浪漫中有一股不食人间烟火的仙气，泰戈尔的诗则蕴含人间的温情与缱绻。

泰戈尔《飞鸟集》的东方色彩，含蓄隽永温暖，那份美与哲理此时已呼之欲出。

课堂教学的第四问，应该呼应那个"合"字，"合"是关合，是合拢，是收尾，是言有尽而意无穷。这个问题，一定要新，要奇，要巧，一个要有"留白"之效，一定要言有尽而意无穷，一定要有穿透力，虽不能至而心向往之。

泰戈尔《飞鸟集》导读课，我设计的第四个问题是：

1924 年泰戈尔访华，徐志摩和林徽因做翻译，临别徐志摩问诗哲："您此次访华还有什么遗憾？"泰戈尔说："Nothing,but my heart."请同学们翻译这个句子。

翻译讲究"信达雅"，学生在翻译的过程就是推敲句式和语言的过程，也是创造的过程，没有最好，只有更好。

于是课堂的收束和绾结的过程也便有了弹性，有了张力，也因此充满了语文的魅力。

课后，现场的老师问我："董老师，既然是导读课，您为什么不讲冰心的《繁星》和《春水》，却要导读泰戈尔？"我不假思索地回答，因为冰心的这两部诗集是泰戈尔的高仿，如让孩子们读书，还是读最经典的吧，读原作品，读原创，读经典，中国现代文学史深受泰戈尔影响，"新月派"名字都来自泰戈尔的诗集，现代作家心灵的天空哪一个没有泰戈尔的"飞鸟"飞过？

"天空没有留下翅膀的痕迹，但我已经飞过。"（泰戈尔）

《世说新语·咏雪》阅读教学设计

（1）谢安为什么"大笑乐"？猜猜看，什么是"咏絮才"？"旧时王谢堂前燕，飞入寻常百姓家"，王谢两家，人才辈出，个个风流倜傥、才华横溢，诗词、歌咏、书法皆流布后世，再读《咏雪》，你看出谢道韫的家庭氛围怎么样？

（2）这样一个才女，名门闺秀，你想知道她后来的结局吗？通过下面这段文字你又读出一个怎样的谢道韫？

《晋书》："（道韫）及遭孙恩之难，举厝自若，既闻夫及诸子已为贼所害，方命婢肩舆抽刃出门，乱兵稍至，手杀数人，乃被虏。"

（3）谢道韫小时候有文采，长大后风度如何？读下面这句话，用现代汉语描述一下。

王夫人神情散朗，故有林下风气。

（4）《世说新语》是一部有趣的书，1133个小故事，分36章，让我们来读几个小故事：

王仲宣好驴鸣。既葬，文帝临其丧，顾语同游曰："王好驴鸣，可各作一声以送之。"赴客皆一作驴鸣。(《世说新语·伤逝》)

何平叔美姿仪，面至白。魏明帝疑其傅粉，正夏月，与热汤饼。既啖，大汗出，以朱衣自拭，色转皎然。(《世说新语·容止》)

钟毓、钟会少有令誉。年十三，魏文帝闻之，语其父钟繇曰："可令二子来。"于是敕见。毓面有汗，帝曰："卿面何以汗？"毓对曰："战战惶惶，汗出如浆。"复问会："卿何以不汗？"对曰："战战栗栗，汗不敢出。"(《世说新语·言语》)

潘岳妙有姿容，好神情。少时挟弹出洛阳道，妇人遇者，莫不连手共萦之。左太冲绝丑，亦复效岳游遨，于是群妪齐共乱唾之，委顿而返。(《世说新语·容止》)

嵇中散大夫嵇康临刑东市，神气不变，索琴弹之，奏《广陵散》。(《世说新语·雅量》)

谢公与人围棋，俄而谢玄淮上信至。看书竟，默默无言，徐向局，客问淮上利害，答曰："小儿辈大破贼。"意色举止，不异于常。(《世说新语·雅量》)

分五个小组读、翻译、评论。每小组选三个代表，一个读，一个翻译，一个陈述简单的读后感。

(5)《世说新语》里面的人物上自皇帝贵族下至妇女儿童，个个我行我素，个个不同凡响，短小精悍的叙述中蕴藏无限的智慧和感动。

《世说新语》产生了大量的成语，如：

标新立异	吕安题凤	蒲柳之姿	蒹葭玉树
日月入怀	一往情深	七步之才	代人捉刀
覆巢无完卵	口若悬河	望梅止渴	东山再起
洛阳纸贵	鹤立鸡群	看杀卫玠	坦腹东床

教师选一例解释作示范，学生讨论自选其他成语解答。

(6) 通过这节课的学习,同学们是否可以谈谈什么是魏晋名士风度?

汉末魏晋六朝是中国政治上最混乱、社会上最苦痛的时代,然而却是精神上极自由、极解放、最富于智慧、最浓于热情的时代。(宗白华)

绝版魏晋,遥远的绝响!

"余光中经典诗句赏析"群文阅读教学设计

教学导入：余光中集诗人、散文家、编辑、翻译家于一身，他说他用左手写散文，右手写诗，《听听那冷雨》是他"左手的掌纹"，今天我们就一起来赏析他"右手的掌纹"（诗）。

（大屏幕投影，齐读。）

> 当我死时，葬我
> 在长江与黄河之间
> 枕我的头颅，白发盖着黑土
> 在中国，最美最母亲的国度
> 我便坦然睡去，睡整张大陆
> 听两侧，安魂曲起自长江，黄河
> 两管永生的音乐，滔滔，朝东
>
> ——余光中《当我死时》

如果说顾城是童话诗人，戴望舒是雨巷诗人，那么余光中就是乡愁诗人。余光中以一首《乡愁》吹响了乡愁诗人集结号，于是在"乡愁"的旗帜下台湾诗人非马写道："左一脚／十年／右一脚／十年／母亲啊／我正努力／向您／走／来"；于是于右任深情诉说："葬我于高山之上兮，望我大陆；大陆不可见兮，只有痛哭"；于是舒兰对着月亮唱道："你是一杯乡色酒，你满，乡愁也满"。

乡愁对于读书人来说就是那剪不断理还乱，浓得化不开的家国情感，是对家国那片山、那片水、那些人的生生不息的爱恋。你是从这首诗哪些地方读出这种感情的？

提示：

意象：黄河、长江、整张大陆。

炼字：最美最母亲的国度。

比喻：安魂曲。

聚焦点：当我死时。

有人说读书人的乡愁是把空间加上去，乘上时间，乘上文化的记忆，乘上沧桑感，这种乡愁就是立体的，那绵延的记忆变成典故，变成神话，变成历史。余光中"在诗里喊魂，在歌中怀乡"（齐读）。

再看这首诗（大屏幕投影）：

那片无穷无尽的后土

四海漂泊的龙族，叫它做大陆

壮士登高叫它做九州

英雄落难叫它做江湖

——余光中《十年看山》

在这些诗句中你读出了怎样的情感？用形容词来表达。

凡艺术作品中皆有作者之生命与精神，否则不能成功。

提示：悲壮，苍沧，深情，赞美，依恋，自豪，忧伤。

余光中说："大陆是母亲，不用多说。烧我成灰，我的汉魂唐魄仍然萦绕着那一片后土。"

(大屏幕投影,男生齐读。)

> 这是重阳,可以登高,登圆通寺
> 汉朝不远
> 在这声钟与下声钟之间
> ……
>
> ——余光中《登圆通寺》

(大屏幕投影,女生齐读。)

> 春天,遂想起
> 江南,唐诗里的江南,九岁时
> 采桑叶于其中,捉蜻蜓于其中
> ……
> 遂想起多莲的湖,多菱的湖
> 多螃蟹的湖,多湖的江南
> 吴王和越王的小战场
>
> ——余光中《春天,遂想起》

(大屏幕投影,全班齐读。)

> 爱情的一端在此,另一端
> 在原始。上次约会在蓝田
> 再上次,在洛水之滨
>
> ——余光中《下次的约会》

朝朝暮暮,年年月月,说不尽的乡情、乡思、乡愁,都尽蕴其中了,余光中是一位古典气质浓郁的诗人，他的内心深处无时无刻不潜藏着深沉的民族情感，这种情感源自于一种永恒的生命动力、民族认同感。哲学家海德格尔说：我们怀着永世的乡愁寻找故乡，而故乡永远在大陆的中央。

以上三首诗中的古典意象（原型意象）在表情达意上有什么作用？

提示：重阳、登高、汉朝、钟声、江南、采桑、吴越、战场、蓝田日暖、洛水之滨。

余光中说，我的理想是要让中国的文字，在变化各殊的句法中，交响成一个大乐队；而作家的笔应该一挥百应，如交响乐的指挥杖。

首先欣赏余诗精妙绝伦的比喻（大屏幕投影）：

像一首小令
从一则爱情的典故里，你走来
从姜白石的词里，有韵地，你走来
——余光中《等你，在雨中》

美丽而善变的巫娘，那月亮
翻译是她的特长
却把世界译走了样
——余光中《绝色》

你永远奔驰在轮回的悲剧
一路扬着朝圣的长旗
——余光中《欢呼哈雷》

月是情人和鬼的魂魄，月色冰冰
燃一盏青焰的长明灯
——余光中《中元夜》

这些诗句有哪些比喻？有什么特点？

提示：新颖、奇特、多用隐喻、曲折、含蓄、出色、密度美、弹性美。

以下几句诗，在用词上有什么特点？

①今夜的天空很希腊。

②最美最母亲的国度。

③蓝墨水的上游是汨罗江。

④青史上你流下一片洁白。

⑤紫色的喃喃，叩我的窗子。

提示：余光中擅用特殊的词法和句法，如名词做形容词、形容词做名词、借代、移就，使语言成了不朽的交响。

余光中学贯中西，经常将传统民歌的形式出神入化地借鉴过来，如在《招魂的短笛》中写道（大屏幕投影）：

魂兮归来，母亲啊，东方不可以久留，
诞生台风的热带海，
七月的北太平洋气压很低。
魂兮归来，母亲啊，南方不可以久留，
太阳火车的单行道
七月的赤道灸行人的脚心。

这种重章复唱，一咏三叹的形式正是传统民歌的魅力所在。

而另一首诗《雨声说些什么》是这样写的（大屏幕投影）：

一夜的雨声说些什么呢？
楼上的灯问窗外的树
窗外的树问巷口的车

……
　　一夜的雨声说些什么呢?
　　上游的桥问小时的伞
　　小时的伞问湿了的鞋

　　这首诗纯粹用的是对话,有着单纯稚朴童年般的美丽,胡适说:要创造国语的文学,就要有文学的国语。
　　下面让我们仿写余光中的《乡愁四韵》(大屏幕投影):

　　给我一瓢长江水啊长江水
　　酒一样的长江水
　　醉酒的滋味
　　是乡愁的滋味
　　给我一瓢长江水啊长江水

　　给我一张海棠红啊海棠红
　　血一样的海棠红
　　沸血的烧痛
　　是乡愁的烧痛
　　给我一张海棠红啊海棠红

　　给我一片雪花白啊雪花白
　　信一样的雪花白
　　家信的等待
　　是乡愁的等待
　　给我一片雪花白啊雪花白

给我一朵腊梅香啊腊梅香

母亲一样的腊梅香

母亲的芬芳

是乡土的芬芳

给我一朵腊梅香啊腊梅香

最后,配乐读余光中的《民歌》(大屏幕投影):

传说北方有一首民歌

只有黄河的肺活量能歌唱

从青海到黄河

风也听见

沙也听见

如果黄河冻成了冰河

还有长江最最母怀的鼻音

从高原到平原

鱼也听见

龙也听见

如果长江冻成了冰河

还有我,还有我的红海在呼啸

从早潮到晚潮

醒也听见

梦也听见

有一天我的血也结冰

有你的血他的血在合唱
　　从 A 型到 O 型
　　哭也听见
　　笑也听见

　　散文是一切作家的身份证，诗是一切艺术的入场券。

　　结语：我们每个人都是游子，我们怀着永世的乡愁寻找我们心灵的故乡，其实故乡在美丽的汉语里，在我们的汉魂唐魄中。

古典诗歌教学微设计

一、《山坡羊·潼关怀古》（张养浩）

峰峦如聚，波涛如怒，山河表里潼关路。望西都，意踌躇。伤心秦汉经行处，宫阙万间都做了土。兴，百姓苦；亡，百姓苦！

咏史诗：借古人的酒杯浇自己胸中的块垒。
（1）咏史诗拾英：温故知新，师生可用飞花令等形式。
例如：
①陈子昂《登幽州台歌》：前不见古人，后不见来者，念天地之悠悠，独怆然而涕下。
②李白《登金陵凤凰台》：凤凰台上凤凰游，凤去台空江自流。吴宫花草埋幽径，晋代衣冠成古丘。
③杜甫《八阵图》：功盖三分国，名成八阵图。江流石不转，遗恨失吞吴。
④刘禹锡《乌衣巷》：朱雀桥边野草花，乌衣巷口夕阳斜。旧时王谢堂前燕，飞入寻常百姓家。
⑤杜牧《泊秦淮》：烟笼寒水月笼沙，夜泊秦淮近酒家。商女不知亡国恨，

隔江犹唱后庭花。

(2) 咏史诗有什么特点?

例如：怀古幽思、沉郁悲凉、大气磅礴、雄浑深沉。

(3) 追根溯源，寻找第一首咏史诗。

彼黍离离，彼稷之苗。行迈靡靡，中心摇摇。知我者，谓我心忧；不知我者，谓我何求。悠悠苍天，此何人哉?——《诗经·王风·黍离》

黍离之悲，悲悼故国。

陋室空堂，当年笏满床，衰草枯杨，曾为歌舞场。蛛丝儿结满雕梁，绿纱今又在蓬窗上。(《红楼梦》)

忽荣忽枯，忽丽忽朽。(脂砚斋)

(4) 从《诗经》到《红楼梦》，咏史诗有着同样的情意，同样的哀伤与悲怆，时光流转，人生百代，元代的张养浩，又是如何写自己的《潼关怀古》的呢? (品读)

主问题设计：在咏史诗绵延无尽的方阵里，你认为张养浩在这首《山坡羊·潼关怀古》中最大的亮点是什么? 情感?

例如：痛惜、兴废、盛衰。

揣摩语言和句式。仿句：兴，百姓苦；亡，百姓苦。

课外延展阅读：

骊山四顾，阿房一炬，当时奢侈今何处? 只见草萧疏，水萦纡。至今遗恨迷烟树，列国周齐秦汉楚。赢，都变做了土；输，都变做了土!

结语：为天地立心，为生民立命。

二、《黄鹤楼》（崔颢）

昔人已乘黄鹤去，此地空余黄鹤楼。

黄鹤一去不复返，白云千载空悠悠。

晴川历历汉阳树，芳草萋萋鹦鹉洲。

日暮乡关何处是？烟波江上使人愁。

《黄鹤楼》诗被誉为唐人七律第一。

(1) 体会意象之美，请同学们列举出本诗的意象并体会其特点。

昔人、黄鹤、黄鹤楼、白云、晴川、汉阳树、芳草、鹦鹉洲、日暮、乡关、烟波。

虚——实；动——静；远——近；现实——神话。

(2) 体会诗的境界之深。

怀古；乡愁；豪迈而深情。

(3) 体会色彩之雅，找出诗的色彩。

黄鹤、白云、绿树、芳草、日暮、烟波。

色彩即是愁。

(4) 景语之深婉。

烟波江上使人愁。

无尽之意尽在其中。

(5) 体会叠词之妙，找出叠词并朗读、体会。

悠悠——历历——萋萋，平仄而又曲折，有音韵美。

三、《破阵子》（辛弃疾）

醉里挑灯看剑，梦回吹角连营。八百里分麾下炙，五十弦翻塞外声。沙场秋点兵。

马作的卢飞快,弓如霹雳弦惊。了却君王天下事,赢得生前身后名。可怜白发生!

(1) 辛弃疾醉里梦中的是什么?为什么?

(2) "八百里分麾下炙,五十弦翻塞外声。"这是对偶句,注意断句。"麾"的近义词还有哪些?何为"炙"?

(3) "沙场秋点兵"是词的上下阙的过渡句,这句有什么特点?

大气磅礴,有排山倒海之势。

(4) 对于战争的描写选取了两个细节:马作的卢飞快,弓如霹雳弦惊。

马与弓,写尽了枪林弹雨。

(5) 了却君王天下事,赢得生前身后名。

家国情怀,建功立业。

辛弃疾、陆游,南宋爱国主义诗人。

(6) 赏析本词的艺术特色。

动作描写漂亮,声音形象震撼,壮志难酬壮烈。

(7) 这副对联写出了辛弃疾什么样的特点?

铁板铜琶,继东坡高唱大江东去;

美芹悲黍,冀南宋莫随鸿雁南飞。

结语:词人中的英雄,英雄中的词人。

四、《望岳》(杜甫)

岱宗夫如何?齐鲁青未了。

造化钟神秀,阴阳割昏晓。

荡胸生曾云,决眦入归鸟。

会当凌绝顶，一览众山小。

（1）注意这几个字的读音：岱、宗、夫、眦。

（2）串讲《望岳》这八句诗：

岱宗夫如何？（期待、向往、情感）

齐鲁青未了。（绵延、气象）

造化钟神秀。（拟人、自然有情）

阴阳割昏晓。（语不惊人死不休、山高）

荡胸生曾云。（山美、山高）

决眦入归鸟。（凝望）

会当凌绝顶。（想象）

一览众山小。（壮阔、昂扬的人生）

（3）"望岳"整首诗是否直接写了"望"？这样写好在哪里？

不着一"望"字却又笔笔写"望"。

（4）写《望岳》用了哪些修辞手法？

设问：岱宗夫如何？齐鲁青未了。

借代：齐鲁青未了。

拟人：造化钟神秀，阴阳割昏晓。

夸张：荡胸生曾云，决眦入归鸟。

用典：一览众山小。

（5）这首诗和杜甫的"沉郁顿挫"的诗风有什么不同？

青春杜甫，盛唐之言。

二十四岁，裘马轻狂。

致君尧舜上，再使风俗淳。

高山仰止，巍巍泰山，壮哉杜甫！

五、《水调歌头·明月几时有》（苏轼）

丙辰中秋，欢饮达旦，大醉，作此篇，兼怀子由。

明月几时有？把酒问青天。不知天上宫阙，今夕是何年。我欲乘风归去，又恐琼楼玉宇，高处不胜寒。起舞弄清影，何似在人间。

转朱阁，低绮户，照无眠。不应有恨，何事长向别时圆？人有悲欢离合，月有阴晴圆缺，此事古难全。但愿人长久，千里共婵娟。

评点归纳：

一问一归（上阕：奇想、天上）。

转、低、照、但愿（下阕：深情、人间）。

何似在人间（过片：磊落旷达，天上→人间）。

(1) 苏轼是个有趣的人：他和月亮对话，探讨人生。

青天有月来几时？我今停杯一问之。（李白）

问青天问月，起舞，问阴晴圆缺。

(2) 苏轼又是一个讲哲理的人，列举你所知道苏轼的具有哲理的诗句。

例如：

人有悲欢离合，月有阴晴圆缺。（苏轼《水调歌头·明月几时有》）

不识庐山真面目，只缘身在此山中。（苏轼《题西林壁》）

谁道人生无再少？门前流水尚能西。（苏轼《浣溪沙·游蕲水清泉寺》）

人生到处知何似？应似飞鸿踏雪泥。（苏轼《和子由渑池怀旧》）

回首向来萧瑟处，归去，也无风雨也无晴。（苏轼《定风波·莫听穿林打叶声》）

(3) 在这首词里哪里可见苏轼的豪放？哪里可见他的清新秀丽？

第四辑　诗意演绎课堂教学艺术

古人云，诗有三境：一曰物境，二曰情境，三曰意境。语文课也有三境。物境是"技"是"术"，是试题，是训练，是一叶障目不见泰山。情境是观字观语观文，情满其间。意境是化境，是情理相融，红炉点雪，润物无声。意境是一种通、一种融，是教师、学生与文本以及更大的文学、文化、历史、美学、生命的和谐对话，是师生的互动生长。

李商隐《无题》教学实录及悟课

师：李商隐写下了许多的无题诗，为什么这么多诗叫无题？有人说李商隐是中国古代第一个朦胧诗人，他为什么要把这份感情写得如此深挚缠绵？我们一起来读读这首无题诗。

（出示幻灯片。）

无　题
李商隐

相见时难别亦难，东风无力百花残。
春蚕到死丝方尽，蜡炬成灰泪始干。
晓镜但愁云鬓改，夜吟应觉月光寒。
蓬山此去无多路，青鸟殷勤为探看。

（学生齐读。）

师：如果李商隐的这首无题诗讲述了一个故事，那么故事的时间、地点、人物是什么？

师：时间，这是什么季节？

生：春天。

师：春天的什么阶段？再具体一些。

生："东风无力百花残"，是暮春。

师：黄昏暮春是我们这个农耕民族永远的伤感。

师：再读读这句"晓镜但愁云鬓改，夜吟应觉月光寒"，这里有时间吗？

生："晓""夜"。

师：也就是朝与暮，换一个叠音词，是？

生：朝朝暮暮！

师：地点更不得了，是什么？

生：蓬山。

师：蓬山是什么？是仙山、仙境，与红尘、凡尘远隔。余光中说："上次约会在蓝田／再上次，在洛水之滨"。所以这写了一个怎样的故事？

生：（一个女生抢着答）写了一个爱情故事，前世前生、今生今世、来生来世，绵绵无期。

师：人物，是谁和谁的故事，是谁与谁的遗恨？

（出示幻灯片。）

用"你、我、他、她"作主语：

（　）晓镜但愁云鬓改，（　）夜吟应觉月光寒。

生：可能是"你"晓镜但愁云鬓改，"我"夜吟应觉月光寒。我和你的故事。

生：也可能是她和他的故事。

师：是的，同学们！"何物最风流？魏晋人物晚唐诗。"李商隐一个人孤独地站在晚唐的舞台上，他代所有的人伤感，为这样的末世，为这样的夕阳，为这样的人生。所以，同学们看，这样的时间，这样的地点，这样的人物，才有这样的开合，这样的多义，这样的模糊。每个人，都能在诗中读出自己。

【张艳悟课】诗歌是诗人心灵的投射，读者在诗歌中读出自己，是诗歌鉴赏的最高境界。课堂伊始，一菲老师就用"每个人，都能在诗中读出自己"为这节课定下了非同流俗的鉴赏基调。这节课，将是在李商隐朦胧、缠绵、多意的诗歌中进行自我生命投射的情感体验之旅。在这末世的夕阳中，在这晚唐的舞台上，我们将在孤独的李商隐的诗歌中读出怎样的人生？

【张金波悟课】本节课的导入环节，一菲老师没有太多的迂回曲折，一开讲就指出"李商隐是中国古代第一个朦胧诗人"，点明李诗的"多意"性和"模糊"性，并以此作为全课的主线，可谓高屋建瓴。一篇课文的价值，涉及的层面非常广泛，从内容到技法，从语言到风格，从人物到情感，不一而足。教师在授课时，不可能面面俱到，必须抓住文本的核心价值进行教学设计，这样有利于形成课堂的主线，使课堂沿着主线有序推进，进而避免课堂的支离破碎。抓住文本的核心价值，须立足于文本个性。李商隐无题诗的文本个性，恰恰就在于它与相同题材、相同体裁的诗歌相比在抒情方式上的多意性和模糊性。一菲老师导入看似寻常，实则暗藏机锋，不知不觉之间巧妙布设了全课的主线，既为全篇之先声，又与全篇相呼应。

【马于玲悟课】跟初中生以群文阅读的方式讲李商隐的无题诗，以什么角度切入、讲到什么程度，这都是特别费思量的事情。一菲老师选择以同学们学习过的《无题·相见时难别亦难》开篇，这个设计是符合建构主义的学习理论的：将学生由"已知"引渡到"未知"。

【张显辉悟课】诗意的语文课堂妙在开门见山，直截了当。一菲老师这节课的导入传达三个信息：一是李商隐善写无题诗；二是最是风流李商隐；三是每个人都能在李商隐的诗中读出自己。

师：孩子们，我们来仿个句子"思念，无论是生与死……"，根据课文读出你的仿句。因为他说"相见时难别亦难"，他说"春蚕到死丝方尽"，所以我说"思念，无论是生与死……"。

【张艳悟课】一菲老师的诗歌教学空灵绝尘，绝少俗套羁绊，给人满满的惊艳与感动。课堂刚开始，学生仅读了一遍，一菲老师直逼情感深处的问题就凌波而来："孩子们，我们来仿个句子'思念，无论是生与死……'，根据课文读出你的仿句。"这个学习任务越过所有俗滥的教学环节，抛出得如此直截了当，令人惊讶之余不禁惊叹它如此直指心灵！拨云见日，直逼本质！

【张金波悟课】近几年，任务驱动型写作逐渐成为高考作文命题的主流范式。让我们称叹的是，一菲老师把"任务驱动"巧妙地移植到诗歌阅读的教学当中。任务的内容是仿句，要求是"根据课文读出你的仿句"。为了让学生更好地理解老师的意图，一菲老师还对给出的例句进行了解读。"仿句"任务驱动的是什么呢？很明显，一菲老师的目的是借助仿句，"驱动"学生对诗歌文本大意的理解。我们不妨把一菲老师的这种模式称为"任务驱动型教学"。一菲老师在设计学习任务时，充分考虑了学生的语文素养、思维水平以及可以获取的材料，从而确保学习任务的顺利完成，这些都为我们提供了有益的启示。

【马于玲悟课】这个环节至少有两个特点：简、精。"简"，越过了其他的细枝末节，删去了对学生已知知识的回顾，以一个仿句"思念，无论是……"扣准李商隐无题诗的切口，单刀直入，简洁明快。"精"，精准地把握住语文学科核心素养中的"语言的建构与应用"，在不知不觉中锤炼学生运用语言文字的能力，也可以以这个问题来检查学生的已知情况与表达能力，以便调整课堂的进度。

【张显辉悟课】诗意的语文课堂妙在课堂问题的设置。李商隐的无题诗以含蓄、朦胧著称，一菲老师则由一个任务将这朦胧、含蓄具体化、明朗化。原本朦胧、争议颇多的诗歌主题一下子清晰了然，学生的仿写恰是建立在对诗歌的解读之上，建立在对诗人情感、诗歌主题的把握之上。

生：思念，无论是年少还是年老。因为下一行说了"晓镜但愁云鬓改"，诗人早上照镜子，害怕自己一夜之间白了头。

师：(赞赏地)无论年少还是年老，思念……(话筒递给下一个学生)

生：无论是时间与空间……

师：怎么是时间与空间呢？

生：因为"青鸟殷勤为探看"，说明诗人即使是在很远的地方，都在时时刻刻思念着他心爱的人。

师：时间，前世今生、今世今生、来生来世；空间，天涯海角，蓬山人间。

生：思念，无论是朝与暮……"晓镜但愁云鬓改，夜吟应觉月光寒。"尽管白天是通亮通亮的，他心中的思念却是绵绵不绝的。在夜深人静时，他的思念之情更加满溢出来。

师：（由衷地赞美）说得真好！白昼可以照亮世界，却照亮不了我心灵角落当中最深层的如灰一般的思念。思念，超越了生死，超越了仙境红尘，超越了朝朝暮暮，超越了时间与空间……

生：我认为，思念，无论是相见与离别。第一句话就说"相见时难别亦难"，我们就可以解读出来，不管是在一起还是离别，那种情感都是密密麻麻的，极其"剪不断，理还乱"的那种感觉。（学生笑）

师：情急之下，用诗解诗，"剪不断，理还乱"，说得真好。你们这个年纪是诗的年纪，在诗的年纪来解读诗。

生：思念，无论是生机还是枯萎……

生：思念，无论是近还是远。因为他说"蓬山此去无多路"。

师：读诗读得多么细致。蓬山也不算多远，也就几万公里。牛郎织女，一个天河都轻轻松松地渡过，别说你在蓬山，我在凡间，真的不算什么，很近，等着，我这就到。今生不到，还有来生；来生不到，还有再来生。在蓝田，在洛水之滨……

【张艳悟课】诗言情，情感美是诗歌最摄人心魄的美。聪慧的一菲老师，直击诗歌的命门，用一个仿句，领起了对诗歌的情感体悟，聚焦"思念"，不蔓不枝。师有示例，生有心得，绵绵思念之情从诗句中弥漫开来，在"生与死""年少与年老""时间与空间""朝与暮""相见与离别""生机与枯萎"中延展。学生在仿句中对"思念"之情的高品质体验与解读，胜却僵化的教学套路无数！

【张金波悟课】在一菲老师的学习任务的"驱动"之下，孩子们回答得非常踊跃。孩子们的智慧是无穷的，他们的仿句精彩纷呈，充满诗意。每到精彩处，一菲老师总是及时给予真诚的赞美和精准的点评。孩子们"这个年纪是诗的年纪，在诗的年纪来解读诗"，而一菲老师的语言同样诗意流动，一问一答间，一赞一评间，使诗意漾满了整个课堂。这就是一菲老师的诗意课堂，在潜移默化中，实现了对学生的美的熏陶与化育。

【马于玲悟课】一菲老师曾说过，诗意的语文教师当有诗意的课堂语言。听听一菲老师与学生的互动："时间，前世今生、今世今生、来生来世；空间，天涯海角，蓬山人间"，"白昼可以照亮世界，却照亮不了我心灵角落当中最深层的如灰一般的思念"，"今生不到，还有来生；来生不到，还有再来生。在蓝田，在洛水之滨……"用诗意的语言来解读诗歌，用诗意的语言来带动学生，这才是诗意的语文课堂。

【张显辉悟课】诗意的语文课堂妙在以诗解诗。以诗解诗是一菲老师诗意语文课堂的最显著特点之一。一菲老师的点评语言即是诗："前生前世、今生今世、来生来世／超越了生死，超越了仙境红尘，超越了朝朝暮暮，超越了时间和空间／天涯海角，蓬莱人间／等着，我这就到／今生不到，还有来生／来生不到，还有再来生／在蓝田，在洛水之滨"；学生仿写句子的回答依然是一首诗："思念，无论年少还是年老／思念，无论是时间与空间／思念，无论是暮与朝／思念，无论是相见与离别／思念，无论是生机还是枯萎／思念，无论是近还是远"……这一过程，真是让人拍案叫绝！一菲老师的点评文字和学生们的仿写，本身就是一首诗，同时也是对李商隐这首无题诗最好的解读。

师：李商隐的这首诗是一首七律。格律诗特别讲究炼字，孩子，你说"炼字"的"炼"是绞丝旁的呢，还是火字旁的呢？

生：我觉得是火字旁的，因为要把这个字提炼出来。

师：提炼，锤炼。这首诗的诗眼，很多人认为是"相见时难别亦难"。一连用两个"难"这是剑走偏锋的事，作为格律诗怎么可以有重复的字？重复是大忌，李白曾经写了一首诗，成为登临诗当中的压卷之作，诗是这样说的——"凤凰台上凤凰游，凤去台空江自流"，居然一口气用了三个"凤"字。宋代还有一个才女叫唐婉，唐婉是陆游的表妹，结婚之后相敬如宾，陆游却休了唐婉。古代休妻，很多时候不是丈夫所为，是婆婆所为。多少年之后，有人说是三年，他们相逢于沈园，此时的唐婉已嫁，此时的陆游已娶，陆游写下了《钗头凤》。唐婉是大才女，不仅贤淑，而且很有才，应和了一首《钗头凤》。我的这个问题是，唐婉用了三个"难"，李商隐用了两个"难"，究竟谁更难？全班女生来读唐婉《钗头凤》的上阕。

（出示幻灯片。）

钗头凤
唐 婉

世情薄，人情恶，雨送黄昏花易落。晓风干，泪痕残。欲笺心事，独语斜阑。难，难，难！

（全班女生站起来读。"欲笺心事"的"笺"字学生有犹疑，老师适时正音。）

【张艳悟课】炼字旨在炼意，始于文，终于情。一菲老师的炼字教学之独特再次令人惊叹：她有所为，有所不为，不是在一首诗中静止、封闭地让学生说"难"的字意、句意、手法、情感、表达效果，而是用比较鉴赏的方法拓视野，扩容量，加深学生的情感体悟。李商隐的"相见时难别亦难"，李白的"凤凰台上凤凰游，凤去台空江自流"，唐婉的"欲笺心事，独语斜阑。难，难，难"，纵跨唐宋，给人广阔的时空感。一菲老师从几位诗人剑走偏锋的"重复"手法谈起，最终落在对唐婉三"难"与李商隐二"难"程度深浅的体悟上。对"难"的炼字教学，看似转向了艺术技巧，实则是对"思念"仿句教学的延伸与深化，情感体验的主线未断,匠心独具,不着痕迹,尽得风流。

【张显辉悟课】继续以诗解诗。用李白的《登金陵凤凰台》和唐婉的《钗头凤》,尤其是陆游和唐婉的悲剧爱情故事,带领学生发现炼字之妙,进而引领学生感悟李商隐《无题》诗的遣词用字之妙,让学生在咬文嚼字中品读语文,感受诗意。

师:这三个"难"读得真棒!现在探讨刚才的问题,是李商隐的二"难"更难,还是唐婉的三"难"更难?

生:每个人都可能有自己的答案。我可能是对李商隐的这首诗体会更深刻一点,所以我觉得李商隐的二"难"更难。因为"相见时难别亦难",无论是分别还是相聚,诗人心中无时无刻不在思念的,这点比唐婉的难更难。

师:有理、有据、有情。

生:我也觉得李商隐的"难"更难。陆游和唐婉他们在人间还可以相见,但李商隐,他是一个在人间,一个在天上,再难相见。

师:他读出来了,天人阻隔,就像洛神之恋。不在于谁的观点更正确,在于谁的论证更丰富。

【张艳悟课】"不在于谁的观点更正确,在于谁的论证更丰富。"一菲老师对学生发言的评价,对当前语文教学的评价观启示颇深:文学鉴赏有正确与错误之分吗?我们目前的语文考试,自上而下约定俗成地把"参考答案"当"标准答案",这种违反文学鉴赏规律的阅卷方法何其僵化、教条!何其令人痛心疾首!一菲老师给了学生诗歌鉴赏的自由,尊重了学生的个性化解读,她用自己的教学告诉我们:还语文以美,远离僵化,给学生松绑,张开翅膀的鸟儿才会飞翔!

【马于玲悟课】"是李商隐的'二难'更难,还是唐婉的'三难'更难?"这是神来之笔,一个开放性的问题,没有标准答案,学生可以自由言说,立足点在于"我从中读出了什么",更注重的是学生的阅读体验与个性化解读。每一个人都能在这样的课堂中有话可说，能体会到阅读的成就感。

生：其实我觉得各有各的难处。（学生笑）

师：各难其难。

生：听了老师刚才讲的陆游和唐婉的故事，我心里有点想法，就是在古代，男人可以有三妻四妾，女子被休弃之后，她的生活是比较艰难的。她心爱的人，又重组了家庭，我觉得这三个难，道尽了她与陆游被迫分离的难过。

师：我听懂了，她认为这个"难"是个过去式，李商隐的"难"是在今天、在明天，这个难就是难上加难了。真是有发现，真好！

生：我觉得还要从这两首诗的背景故事来讲起。首先我知道，李商隐陷入了牛李党争，他的妻子是牛派王茂元的女儿。或许李商隐这首诗里面写的就是他和妻子因为政治所迫不能见面，这就是李商隐的难处。唐婉和陆游两个人本来是相爱的，他们是表兄妹关系，虽然我觉得这肯定有点问题。（学生大笑）他们被陆游母亲给拆散了，两个人都有了各自的家庭，又在一个春日碰到了自己的初恋情人，这种感觉特别尴尬。（学生再一次大笑）所以他们各有各的难处。

师：老师非常赞赏这个男孩子，他能够知人论世，联系背景材料，这点非常了不起。

生：李商隐受到了政治上的迫害，心里比较难受，他想与他的妻子见面，却见不到。心里想，却不能实现，也很难受。难上加难就更难受。

师：二"难"便是一切的难。有一个佛教的偈子：一个人碰到得道高僧，问"长江里这么多船，高僧您知道有多少艘吗？"（老师停顿片刻）高僧说，只有两只船，一只为名，一只为利。"相见时难别亦难"，世间的一切，对于恋人来说，也只有两种情况：相见和不相见。

生：我也认为两边各有各的难处。就《钗头凤》来讲，我认为难处在于，本来是相爱的，却被拆散了，这个难更多地难在无奈、被逼迫。

师：我也听懂了，孩子。陆游和唐婉，他们本是夫妻，后来又分开了，无论如何都是世俗之爱。李商隐的爱，不是世俗之爱。于是他欲罢不能的感觉、欲说还休的感觉来得更深挚、痛楚和缠绵。

师：刚才有个男同学说的问题特别可爱，他说表兄和表妹结婚，这事有点问题。（学生再一次大笑）如果在红楼梦当中，你一定会是贾母吧，会拆散作为表兄和表妹的贾宝玉和林黛玉。（翻PPT却不知何故翻不过去）孩子们帮个忙。（有一个学生上去调整好PPT）就这么容易吗？幸好有你，不然我就"难，难，难"了。（学生善意地笑）

【张金波悟课】思维发展与提升，是新近提出的语文核心素养的四个方面之一。一菲老师的语文课堂不仅仅有感性的诗意阐发，更有理性的思维训练。"是李商隐的二'难'更难，还是唐婉的三'难'更难？"这个问题不仅有意思，也有一定难度，不是轻易就能说清楚的。当然，对于这个问题，一菲老师并没有设定机械呆板的标准答案，学生的解答也并非一般层面上的"文本里有什么"，而是集中于"我读出了什么""我怎么看"。如果说前者属于较低级的思维，那么后者就属于思维的较高层级——批判性思维。在解答过程中，学生需要经过理解、判断、搜集、比较等思维过程，而这些过程正是批判性思维不可或缺的品质。应该说，一菲老师在培养学生的语文核心素养方面，为我们作了很好的示范。

【张显辉悟课】文学创作中有一种未知结构（也叫两难结构）往往使其具有永恒性。别林斯基也说过："什么叫作品的永恒性？就是每代人都进入思考，每代人都得不到结论。"李商隐的《无题》恰好符合这个两难结构。相见难，别亦难，见或不见，都是难。陆游和唐婉不得善终的爱情，李商隐的思念，都符合这一理论。所以他们隔了一千多年，仍然为人们乐道，仍然有其艺术的价值。

【张显辉悟课】诗意的语文课堂是和谐的、轻松的。一菲师父面对课堂突发事件，依旧能够从容以对，并用刚刚念过的诗句间接表扬了前来帮忙的学生。不可谓不机智。

（出示幻灯片。）

背景资料：

九岁丧父、牛李党争、夕阳晚唐、漂泊无依。

师：咱们研究一下背景资料。刚才有个同学说到了"牛李党争"，牛党认为他是李党的，李党认为他是牛党的，牛李谁上台，他永远都是被迫害的对象。李商隐九岁丧父，这意味着什么？意味着他必须用他弱小的双肩、弱小的心灵担起一个大大的家庭来。夕阳晚唐，他生活在大唐日薄西山的时候，一生位沉下僚，漂泊无依。还有他充满了让人遐想和猜想的婚恋。这就是诗人李商隐。

师：李商隐有这么多的诗，叫"无题"，他的绝笔之作却不叫"无题"，是这样的吗？"锦瑟无端五十弦，一弦一柱思华年"，是不是无题诗？

生：不是。

师：（调侃学生）恭喜你答错了，这首诗叫"锦瑟"，我说它是无题诗，谁能给我找到证据？

生：我认为第一句就提示了，锦瑟是无端的。锦瑟，有人猜测是作者的一种思想。这种思想寄托到了锦瑟身上，就是不具体化的。

师：咱们班的同学底蕴非常好。《锦瑟》也是无题诗。从诗经开始有许多就是这样的。"桃之夭夭，灼灼其华"，题目叫"桃夭"；"关关雎鸠，在河之洲"，题目叫"关雎"；"蒹葭苍苍，白露为霜"，题目叫"蒹葭"。这叫题目吗？这首诗，命名为"锦瑟"，其实也是无题诗。

（出示幻灯片。）

1. 春心莫共花争发，一寸相思一寸灰。（《无题》）
2. 来是空言去绝踪，月斜楼上五更钟。（《无题》）
3. 身无彩凤双飞翼，心有灵犀一点通。（《无题》）
4. 荷叶生时春恨生，荷叶枯时秋恨成。（《暮秋独游曲江》）
5. 红楼隔雨相望冷，珠箔飘灯独自归。（《春雨》）
6. 嫦娥应悔偷灵药，碧海青天夜夜心。《嫦娥》

7. 庄生晓梦迷蝴蝶，望帝春心托杜鹃。《锦瑟》
8. 君问归期未有期，巴山夜雨涨秋池。《夜雨寄北》
9. 夕阳无限好，只是近黄昏。《乐游原》
10. 秋阴不散霜飞晚，留得枯荷听雨声。《宿骆氏亭寄怀崔雍崔衮》

师：看看这么多李商隐的诗，大家喜欢哪句读哪句。

【张艳悟课】"群诗鉴赏"环节继续拓展着课堂的视野与容量，把单首诗的鉴赏变成群诗鉴赏。让学生自由鉴赏，给了学生足够宽广的审美空间。美丽的语文，不是束缚，而是唤醒与播种，唤醒学生被应试压抑的审美意识，在学生心田播下审美的种子，让学生成长为有温度有情怀的人，这是语文老师的责任！一菲老师令人感动，因为她在语文以美育人的路上走了这么远，这么远！她如诗如歌的倩影令人仰望！

【马于玲悟课】群诗的鉴赏阅读，一下子扩大了课堂的容量。但复杂的问题简单化处理，看一菲老师驾轻就熟，"大家喜欢哪句读哪句"。"喜欢"本无对错之分，重要的是直觉，是感受。

生：(笑笑地读) 夕阳无限好，只是近黄昏。
师：用这么开心的方式读这句吗？我不大理解。
生：春心莫共花争发，一寸相思一寸灰。
师：向往爱情的心愿切莫和春花争荣竞发，寸寸相思都容易化成片片灰烬。
生：君问归期未有期，巴山夜雨涨秋池。
师：看这里思念如什么？"巴山夜雨"，真好！
生：身无彩凤双飞翼，心有灵犀一点通。
师："嫦娥应悔偷灵药，碧海青天夜夜心。"李商隐的难，李商隐的思念，李商隐缠绕的无题，从人间，一直到月亮之上。在他的笔下，在他的心中，嫦娥也是用一个"悔"字，装满了她的心。碧海青天是什么？是嫦娥思念凡间的夜夜心呐。大悲大恸！延续这种感觉，大家再来读读这些诗，并且简单地介绍一下。

生："君问归期未有期，巴山夜雨涨秋池。"作者的爱人，在问他何时才能回家，诗人却没有具体的回家日期，那时候巴山下起雨，感觉十分的凄凉。

师：他说到这，我想换个角度问，猜猜看，这十句诗当中大观园里的林黛玉最喜欢哪句？（学生沉默，老师启发）"可叹停机德，堪怜咏絮才"，有咏絮之才的林黛玉，她会喜欢哪一句呢？既然是猜想，答案是什么没有关系的。

生：红楼隔雨相望冷，珠箔飘灯独自归。

师：为什么呢？

生：因为里面有"红楼"两个字。（学生大笑）

师：这让我想起一部抗战神剧，剧中主人公说，"再坚持一下，抗战还有两年就结束了"。那时候哪有这样的先知先觉？黛玉知道自己要被写进《红楼梦》吗？你这个理由挺好玩。（学生再一次爆发大笑）

生：我认为是第一句"春心莫共花争发，一寸相思一寸灰"，因为林黛玉做了葬花这件事儿，她将花作为青春的一个载体，将花与自己的思念，一同葬入花塚。

师：黛玉是花魂。在《红楼梦》里，有两个人是花朝节出生的，一个是黛玉，一个是姓花的花袭人。我们的讨论，不在于结论在于过程。

生："夕阳无限好，只是近黄昏"，因为林黛玉的身体不好，有可能她知道自己虽然是很有才，但是并没有太多的时间。

师：看来李商隐的每一句诗，都可以给林黛玉的生命作注解。

生：我觉得是"庄生晓梦迷蝴蝶，望帝春心托杜鹃"。

师：（老师故作惊讶）你敢选这一句呀！这一句有两个典故。敢选这句话，真的是艺高人胆大。（学生大笑）

生：我觉得是。庄周他非常迷恋蝴蝶，但是一个是人类，一个是蝴蝶，是不能在一起的，他心中存在的这种感情，只能一个人抒发。就像林黛玉一样，贾母是不同意她和贾宝玉在一起的，但是她心中，对贾宝玉还是有感情的，而且，林黛玉喜欢把悲伤的情绪留给自己。

师：就像一句歌词，宁愿把悲伤留给自己。（学生笑）但贾母不同意林黛玉和贾宝玉的爱情却是未必，建议你再去读读《红楼梦》。

师：在这样讨论中，我们真的是会发现，心事、精神的相似点。

生：我觉得应该是"身无彩凤双飞翼，心有灵犀一点通"。因为读过《红楼梦》就知道，林黛玉刚开始，和贾宝玉并不是一家人，所以说"身无彩凤双飞翼"。后来他们还是在一个家里，这叫"心有灵犀一点通"。

师：好多孩子在举手，真好！

【张显辉悟课】李商隐和林黛玉，一个是男性，一个是女生，一个现实里的诗人，一个是小说中的人物，看似毫不相干的两个人，一菲老师却把他们巧妙地连接在一起，用李商隐的诗句，为林黛玉的精神找一个注解。黛玉是诗的化身，是美的象征，李商隐的诗与林黛玉的心事有着惊人的相似点。我们又可以回到课堂最开始，一菲老师的那个导入：每个人，都能在诗中读出自己。黛玉能，我们也能。

（出示幻灯片。）

李商隐有二十二首诗入选《唐诗三百首》（孙洙）。

师：《唐诗三百首》，一共三百余首，李商隐一人入选了二十二首，足见他对后世的影响。怪不得孩子们在林黛玉的精神气质当中，找到了那么多李商隐的影子。

（出示幻灯片。）

比如我此时若果有造化，该死于此时的，趁你们在，我就死了，再能够你们哭我的眼泪流成大河，把我的尸首漂起来，送到那鸦雀不到的幽僻之处，随

风化了……（《红楼梦》三十六回）

宝玉对紫鹃发誓道："我只愿这会子我立刻死了，把心迸出来让你们瞧见了，然后连皮带骨一概都化成灰——灰还有形迹，不如化成一股烟——烟还可凝聚，人还看得见，须得一阵大乱风吹的四面八方都登时散了，这才好！"（《红楼梦》五十七回）

师：清代的《红楼梦》，是中国古典文学中的顶峰之作，是集大成者。虽然它不是诗，却胜过所有的诗。这句话是谁说的呢？同学们来读一下第一段。

生：（一个男同学十分低沉缓慢地读）比如我此时……

师：（老师纠正）太深沉了，孩子别那么深沉了——

生：比如我此时若果有造化，该死于此时的，趁你们在，我就死了，再能够你们哭我的眼泪流成大河，把我的尸首漂起来，送到那鸦雀不到的幽僻之处，随风化了……

师：你的声音跟你这个阳光的表面不是太像。（学生大笑）你知道我为什么在这么多男生中选你做这个角色的代言人吗？我觉得你的气质非常像贾宝玉。这是不是贾宝玉的台词？"我此时若果有造化"，我最大的造化是该死于此时，我全部的理由是什么？是你们在，他说的"你们"是谁呀？大观园中所有的女孩，包括那些丫鬟们。他说女儿是水做的骨肉。我为什么现在死呢？因为你们在。你们在有什么好处？因为你们会哭，你们的眼泪会流成大河，将我的尸体飘起来，送到幽僻之处，这就是我今生最大的愿望。致敬女儿！"女儿"，这是曹雪芹创造的词，不叫女孩，叫"女儿"！第二段还是宝玉的台词，先来读。

生：（一男同学读）宝玉对紫鹃发誓道："我只愿这会子我立刻死了……"（学生将"这会子"读成"这会（huì）子"，老师纠正。）"把心迸出来让你们瞧见了，然后连皮带骨一概都化成灰——灰还有形迹，不如化成一股烟——烟还可凝聚，人还看得见，须得一阵大乱风吹的四面八方都登时散了，这才好！"（这个男同学又读错了两处，一处"迸"，一处断句"一阵大乱风"，老师一一纠正。）

师：宝玉话里也包含了"春蚕到死丝方尽，蜡炬成灰泪始干"的意思。看到了吗？曹雪芹不仅有传承，还有创造，仅仅成灰，还不够，还需要怎么样？随风散了，连灰都不要有，无形无迹。最大的绝望，最大的灭迹，就是散了，什么都没有。不仅仅是死，不仅仅是灰，还要随风飘散。

（出示幻灯片。）

开辟鸿蒙，谁为情种？（《红楼梦》引子词）
厚地高天，堪叹古今情不尽；痴男怨女，可怜风月债难偿。

师：《红楼梦》和李商隐的诗是可以互为注脚的。在中国的传统价值观当中，有功名利禄，却独独缺了爱，缺了情，而红楼梦的作者曹雪芹如此高扬旗帜，说："开辟鸿蒙，谁为情种？"他还说："厚地高天，堪叹古今情不尽；痴男怨女，可怜风月债难偿。""痴"，情的最高境界，也许这就是李商隐当时的状态。

【张艳悟课】《红楼梦》和李商隐，隔着近千年的距离，一菲老师却以"情"字为媒，在二者间牵起一条研究之线。一菲老师深厚的教学功力，不仅来自她对单篇文学作品细腻、敏锐的审美感悟力，还源于她深厚的文史积淀。她对文学史上优秀作家作品的熟知程度和对优秀诗人以及各种文学形态的传承关系的认识深度远远超越了一般中学语文教师。自幼大量优秀文学作品的浸染，熏陶出一菲老师的如兰气质和其文学作品教学独特的唯美风格；博览群书，博闻强识，成就了一菲老师深入浅出的研究性教学深度。

【马于玲悟课】林黛玉最喜欢李商隐的哪句诗？这个问题如草蛇灰线，遥遥埋下了伏笔，原来是为了承接这里——《红楼梦》有李商隐的影子。曹雪芹对李商隐不仅有传承，还有创造！谁能想得到？

师：用一个词或几个词描述一下李商隐诗的特点。
生：伤感！
师：帅！（学生笑）

生：忧伤。

师：还是一个伤，万变不离其伤。

生：至死不渝。

师：非常好！但哪里是至死不渝呀，是超越生死。

生：难分难舍李商隐。

生：缠缠绵绵。

师：缠缠绵绵李商隐。

生：感性的。

师：感觉非常敏感，所以他写的是朦胧诗，可以多义解读。

（出示幻灯片。）

失落	多义	空灵	真挚
感伤	忧郁	怅惘	隽永
缠绵	用典	曲折	秾丽
朦胧	迷离	隐约	深情

师：选两个词，以李商隐的无题诗，既怎么样又怎么样的形式来写一写。

（出示幻灯片。）

任选两个词，为某中学生杂志的专栏写一段话（100字以内），推介李商隐的无题诗，以"李商隐的无题诗既_____又_____"开头。

生：李商隐的无题诗既感伤又空灵。它表达出的是缠缠绵绵、无始无终、不休不止、痛彻心扉的思念与爱，用的却是空灵的迷蒙的意象与典故。（学生鼓掌）

师：（眼睛发亮，激动地说）说得太好了，孩子！看看你一下用了多少个关键词啊，感伤缠绵、空灵迷蒙、无始无终、不休不止，感觉真敏锐！

生：李商隐的无题诗既真挚又曲折。真挚的，是他的情感；曲折的，是他的表达。他的思念超越了时间与空间,超越了生与死,但是他没有直接表达出来,而是以一种曲折的隐约的含蓄的方式表达出来的。(学生鼓掌)

师:向你们的语文老师致敬,语言真好!这就是汉语的魅力,这就是诗歌的魅力。

生:李商隐的无题诗既多义又怅惘。关于无题诗历来有多种解读,有人读出了深挚的爱与思念,有人读出了不得志的伤感,还有人读出了对美好时光的追忆。"此情可待成追忆,只是当时已惘然",复杂的情感诗人恐怕自己也说不清,道不明。(老师与学生一起鼓掌)

师:你感动了我,孩子!好一个"说不清,道不明",这也许恰恰就是李商隐无题诗的魅力所在,每个人读出了自己的岁月、自己的人生、自己的情感,所有所有的人都能从中读出共鸣,得到慰藉。

师:我们一起来读读这两句诗就下课。

(出示幻灯片。)

春蚕到死丝方尽,
蜡炬成灰泪始干。

(在学生深情而大声地朗读中结束了这堂课。)

【张艳悟课】结尾,教学的风筝线从高远的天空收回,落在对李商隐无题诗整体风格的感悟上。整节课始于"无题",终于"无题",始于点,终于面,始于单篇,终于整体诗风。至此,立体的李商隐的形象赫然眼前,他立于晚唐的夕阳中,为我们吟咏着朦胧、深情、秾丽、感伤的诗句,那浓得化不开的感伤,历久不散,弥漫了文学的时空,轻轻落在你我心头。

【张金波悟课】整节课始于"无题",终于"无题",始终都是要沿着李商隐诗歌的"多意性"和"模糊性"的主线向纵深推进。一菲老师的这种主线推进的课堂结构,打破了以往板块式的生拼硬凑的课堂结构,根据文本的核心价值,创设一个又一个紧密联系学生知识储备、和学生思维水平密切契合并且能够激发学生兴趣的问题或者任务，引导学生层层深入地进行思考，进而感受文本的魅力，提升思维品质。一条主线贯穿全课，重点突出，纲举目张，不但实现了课堂结构的圆融完整，而且调动了学生的积极性，把提升学生的语文核心素养真正落到了实处。

【马于玲悟课】以"无题"始，以"无题"终，整个课堂结构是一个多么完美的"圆"。可哪里又仅仅是一个圆，在这个过程中激发了学生的阅读兴趣，尊重了学生的阅读体验，提升了学生的阅读能力，训练了学生的语言表达能力。既丰富多彩、摇曳多姿，又不枝不蔓、简洁精炼。一菲老师仿佛有双妙手，天机云锦，任她裁，任她剪——没有丰富的储备，何以能如此毫不费力地展现出来？

【张显辉悟课】诗意的语文课堂就是旁征博引，是殊途同归，是引领，更是启迪。无论是《红楼梦》，还是李商隐的无题诗，都能让我们看到自己的影子，都能让我们有更多的思考与触及。这便是经典的魅力所在。一菲老师的这一节课，带领学生来了一场文学上的诗意旅行。

附教后反思

在朦胧中寻求清晰

李商隐的无题诗朦胧多义，深情绵邈。对于初中二年级的孩子来说，他们凭借直觉理解应该不难，然而要想深潜其中有所收获，给他们以方法，引领其入胜，便是这节课的关键之所在。

在异地跨学段借班上课，讲这样一首我们读了都知道写情、写深情、写痴情，写缠绵的剪不断理还乱的"情"，却又难言其妙的格律诗，切入是一个问题。

读书，先把书读厚，这是上课的第一个阶段。然后再努力把书读薄，这是第二阶段。读出自己的理解，有恰当的教学呈现，这是第三阶段。为此我重读了叶嘉莹、木心、钱穆、李泽厚、蒋勋谈李商隐的文字，重温了李商隐的两本传记，查了知网，作了摘抄。

这节课，初步定位为李商隐诗的专题阅读，因为单篇短章太单薄。单纯简单的一首七律对于初二学生来说，一定是吃不饱的，于是便有了如下的设置：

第一，问题的设置一定要摄魂夺魄。

如何切入，第一个问题问什么？问题一定要直抵文心，直抵教学重难点，并且能够牵一发而动全身。李商隐是浪漫主义诗人，《无题》诗中的那份"爱"与"伤"、那份隐痛，是绵绵不尽的前世今生的牵绊，于是设置了这样一个问题：

如果这首诗讲了一个故事，这个故事发生的时间、地点、人物是什么？

这是一个曲问，言在此而意在彼。学生们在回答问题的时候，一定是要深潜在文字里的，在反复的出出入入、比较和筛选的过程中走向诗的精神内核。

时间，藏在诗句中的"东风无力百花残"里，孩子们在课堂上很快抓到，很有成就感。

随后在教师的点拨下，学生发现"晓镜但愁云鬓改，夜吟应觉月光寒"，还有一个"朝朝暮暮"在其中。

地点，是一个更具意味的所在。"蓬山此去无多路"，蓬山，仙山，仙境也。教师适时给予他们以支架性的材料："上次约会在蓝田／再上次，在洛水之滨"。（余光中《下次的约会》）于是在课堂上有一个灵秀的女孩子脱口而出："写了一个爱情故事，前世前生、今生今世、来生来世，绵绵无期。"

人物，是谁和谁的故事，是谁与谁的遗恨？

我设计了这样的一个教学环节——为"晓镜但愁云鬓改"和"夜吟应觉月光寒"分别加主语,"你、我、他、她"的排列组合成就了那么多的故事和悠远的遐思,生成甚妙。

于是水到渠成,趁热打铁写仿句:

思念,无论是生与死……

问题一旦摄魂夺魄,学生们一定会在文本的深处寻寻觅觅,流连忘返,发现并能够创造解读出别样的李商隐。

在朦胧诗篇,清晰了的是方法,主题愈发多姿多彩,摇曳可爱。

第二,语文教学就是要引领学生在词语的密林里探险。

师:时间,这是什么季节?

生:春天。

师:春天的什么阶段?再具体一些。

生:"东风无力百花残",是暮春。

师:黄昏暮春是我们这个农耕民族永远的伤感。

当学生说出并懂得暮春的时候,他是多么神气,多么的了不起,民族的文化审美早已浸润了他们的心灵。

唐婉《钗头凤》中"难,难,难!"的"三难"与李商隐的"相见时难别亦难"的"二难"哪一个更难?在比较中,课堂已宕开了笔墨,在词语的内涵、外延、情境、意味、关系、生活、爱情、哲思等方方面面荡漾开去,缤纷而陆离。学生的思考尽现才华与灵动,透过"难"字的表面,透过数量走向深邃。

而链接的大量的李商隐的诗,实际是要用作专题阅读,让语文课的视野"辽阔"起来的,而阅读是需要有巧妙的任务驱动的,于是乎问学生:"大观园里的林黛玉最喜欢哪句?"学生们有感、有想、有话说。

第三,学会倾听孩子们的发言。

学生的发言,教师应学生倾听,在倾听中点拨、生发、生成,完成师生的共同的、精神的、生命的某种成长。

诚如一位教育家所言，学生的课堂发言就应该是教师的课程资源。

李商隐的诗是朦胧的，而教学却应该是清晰的，在朦胧与清晰之间生成与成长，是教学应追求的一种境界。

《雁门太守行》教学实录

师：我们首先欣赏李贺的代表诗作《雁门太守行》，请大家齐读，感受这首诗，并且思考问题：这首诗歌运用了哪些色彩来写情感？

（生齐读。）

雁门太守行

李贺

黑云压城城欲摧，甲光向日金鳞开。
角声满天秋色里，塞上燕脂凝夜紫。
半卷红旗临易水，霜重鼓寒声不起。
报君黄金台上意，提携玉龙为君死。

师：请同学们谈谈，读一句诗，你从其中读出了什么颜色？
生：黑云压城城欲摧，我读出了黑色。
师：黑色，开篇运用黑色笼罩，黑色是底色。
生：甲光向日金鳞开，金色。

师：黑色的底色上，是光芒万丈的金。全班齐读第二句。

生：（齐读）甲光向日金鳞开。

师：第三句又写了什么颜色？

生：半卷红旗临易水。

师：这是第三句吗？细看。

生：角声满天秋色里，应该是秋色。

师：这个难度很大。秋色，是秋天的颜色。关于句子，散文、小说中一句话后必须有句末点号，如句号、叹号、问号；诗歌则不然，一个逗号就是一句。我们理清概念，继续读。

生：塞上燕脂凝夜紫，紫色。

师：请重新读这句，注意断句。

生：塞上燕脂凝夜紫。

师：（范读）塞上／燕脂／凝夜紫。品味一下，这句诗包含几种颜色呢？

生：胭脂色和紫色。

生：半卷红旗临易水，红色。

生：霜重鼓寒声不起，霜的颜色。

师：霜色，不错！真有感觉，不是霜重（chóng），不是霜叠着霜，而是霜太重（zhòng）了，鼓声都不敢起。

生：报君黄金台上意，黄色。

师：再想想，是黄色吗？请全班同学齐读一次，体会细腻精致的情感表达。

生：（齐读）报君黄金台上意。

师：究竟是什么颜色呢？

生：哦，是黄金的颜色。

师：非常好！我们对色彩色泽明暗有敏锐的感受。俄国有个大画家列宾曾说过："色彩即思想。"对色彩一点一滴偏差都来不得的，因为它代表的是思想是情感。好，请大家继续！

生：提携玉龙为君死，这里有玉色。

师：玉色。又是一个晶莹而多彩的颜色。

师：在这么多的颜色中，在这五色斑斓里，主色调是什么？

生：黑色。

师：一首诗歌的主题与色彩是息息相关的。黑色，表达怎样的主题呢？

生：代表战争的压抑。

师：有战争就会带来死亡，我们知道，死亡是黑色的，死神的翅膀是黑色的。李贺一生未到过边关，但是他竟有这样的雄心壮志，他说，"少年心事当拏云"，"男儿何不带吴钩，收取关山五十州"。这样的情怀便寄寓在色彩当中。

师：刚才同学们说得非常好，所有颜色中，黑色是主色调，每一种颜色都有它独特的担当，每一种颜色都是无言的诉说。这里的黑色、金色、紫色、红色，包括黄金色，都是确定的颜色。但是有几种颜色，是不太确定的，需要加问号。哪些颜色模糊而又具有极大的包容性？听听你们的意见。

师：如第一种颜色：秋色。你心中的秋色，应该是什么颜色？

生：老师，秋色在我心中应该是金黄色，代表麦田丰收的喜悦，在我的印象中，秋天是硕果累累的。

师：金黄色的秋天，很不错。不过，有一个小小的细节，麦子是在夏天成熟的。秋天有无边的高粱，高粱是红色，也有无边的玉米水稻，它们是金黄色的。为什么金黄色要无边地叠加？金色，金黄色，秋色换一个词，便叫金色。为什么这么钟爱这种颜色？你怎么理解？

生：他在这里写秋色，可能是描写战争前的景象。

师：反复写金色的原因是什么？

生：我认为这是一种美好的象征。

师：《雁门太守行》的世界给你一种美好的感觉？还是美好的事物被破坏的感觉？

生：一种美好的被破坏。

师：鲁迅先生说过，悲剧就是将人生美的有价值的东西撕毁给人看。金色的大唐国土，就这样被蚕食和鲸吞。金色，金色，再金色，但是在诗歌中，是不可以重复的，于是，换了一个颜色。在你的心目中，秋色还可以是怎样的颜色？请大家再次齐读这首诗，感受诗歌的整体基调。

（生齐读全诗。）

师：在此诗里，你心中的秋色是什么样的颜色？你如何理解？

生：我觉得秋色是一种苍凉的颜色。

师：为什么？

生：因为这首诗的主题，涉及战争的生与死，整体是压抑的。"报君黄金台上意"，为了皇帝，为了赢得这场战争，甘愿去死，多么壮烈的感觉。

师：这里有壮烈。一切景语皆情语，于是他理解秋色是苍凉的颜色，是冷色调，很有道理。

生：我以为秋色是悲壮的，因为诗歌描写的是一场战争，有战争就有生死，生死未卜，悲壮。赤诚忠心上战场，在秋天，在万物都衰落的时候。

师：肃杀的感觉，好。你认为用什么颜色来描绘这种悲壮感？

生：我觉得可以用落叶的棕褐色。

师：用它描绘壮烈的情怀，真有色彩感，具有强烈的冲击力。

生：秋色是暗淡的红色。

师：好一个暗淡的红色！我中华民族，几千年的文化，几千年的色彩，最后集大成者乃是故宫。在故宫里，可以找到一切的颜色，也能找到你说的这种颜色。具体是怎样的红色？

生：逼近黑色的红色。

师：近黑色的红，殷红。什么样的事物是殷红的呢？

生：血。

师：对，血的颜色。殷红的血，为什么用血的颜色写秋色？

生：因为这首诗主要描写的是战争，在战争中免不了有死亡，有死亡就有殷红色。

师：这就是热血颂，这就是血染的风采。这样的秋色很有劲道！

师：还有色彩非常难以理解，比如说霜色。"霜重鼓寒声不起"，霜，不仅仅是霜华，不仅仅是白色的霜，它还是落在战鼓上的岁月年轮与残酷。古代战争中，旗与鼓最能代表士气和力量。鼓声不绝，红旗不倒，这就是军心，这就是士气。此时，战鼓上霜重，沉重而压抑。霜究竟应该是什么颜色呢？

生：我认为霜色像霜打过的茄子蔫了的颜色。

师：霜具有生命的收缩感，是这样的状态。把颜色描绘得很形象！赋予霜色以重量，赋予霜色以质感。比如愁，本没有重量，但是李易安说"只恐双溪舴艋舟，载不动许多愁"，南唐后主李煜则赋予愁一种绵延不绝的感觉——"问君能有几多愁——"

生："恰似一江春水向东流。"

师：霜色不仅是一种颜色，简直是装满了重量和质感的颜色。那么，"塞上燕脂凝夜紫"的地点是哪里？

生：塞上，边塞。

师：想到边塞，说到边塞，你想到了什么？

生：我想到荒芜、荒凉。

师：不错，也许我们也自然地想到塞上的烽烟，那么，塞上的"燕脂"是什么？《红楼梦》中贾宝玉有个癖好，特别喜欢吃胭脂膏子。胭脂是什么？

生：胭脂，是古代女孩子的化妆品，它很早之前是用牛、羊骨脂做的，所以是可以吃的，可以食用的。

师：是啊，还有这种原生态的化妆品。《红楼梦》里的胭脂是这样的，那对于塞上的"燕脂"，你想到了什么？怎么又"凝夜紫"呢？

生：我认为，"燕脂"是雪（血）的颜色。

师：雪吗？我看过雪的，雪是白色的。

生：我说的是人体内流动的血。

师：那个字没有 xuě 的读音，血（xuè）和血（xiě），应该是——

生：我想到了血的颜色，胭脂是古代女子的化妆品，也是一种淡淡的红色，但这里的"燕脂"更为浓重。

师：战士的热血不仅抛洒在塞外，也许是辽阔大地上的每一寸国土。"可怜无定河边骨,犹是春闺梦里人。"齐读这句诗感受其中意境。

生:(齐读)可怜河边无定骨,犹是春闺梦里人。

师:这个梦,可能就是胭脂色的。还有其他的想法吗?

生:我认为胭脂除了红色,还有紫色。

师:请解释。

生:它一开始是红色,因为他们一直在战斗,伤亡很多人,死了很多人;"凝夜紫",到了夜晚渐渐变成了紫色。

师:体会出了色彩的变化,体会了战争的残酷。胭脂是鲜血的颜色,紫则是殷红的颜色。胭脂还会有其他解释吗?大漠的胭脂草,是给女孩子做化妆品的,胭脂色,是那些战士们的情怀,因为他们也有老母亲,也有心上人。但是,为国捐躯的时候,这一切,战士们都舍弃了。

师:还有一种颜色不太懂——玉色。

生:(读)提携玉龙为君死。

师:读出骄傲和慷慨,请再读一次。

生:(再读)提携玉龙为君死。

师:提携玉龙为君死,你认为玉色是什么颜色?《说文解字》中有一句话:玉,石之美者。石头中最美的就是玉,它代表一种美德。作为臣子,最大的美德是什么?

生:为皇帝牺牲。

师:是的,忠!非常宏大的东西,用玉轻轻地涵盖,这就是诗,带有含蓄的美,其中有太多的暗示和象征。

师:同学们看这幅画(出示课件),作者是凡·高。凡·高生活在19世纪的法国,他是荷兰人。李贺生活在中国的中晚唐时代,9世纪末10世纪初,相隔这样的岁月,他们是否彼此懂得?有人说,李贺特别像印象画派。何为"印象派"?就是注重色彩,注重光,不注重线条和透视。凡·高这幅画叫《星月夜》,它的主色调,你会选择哪三种颜色?

生:深蓝色、淡蓝色和金黄色。

师：把颜色分得多细，深蓝、浅蓝和金黄色。凡·高最有名的一幅画是什么？

生：《向日葵》。

师：《向日葵》主要的色彩是什么？

生：金黄色。

师：这就是星月夜，这就是夜晚，这就是月亮、星星。这是凡·高的情怀，那份挣扎，那份痛苦，活着的时候一幅画都没有卖掉，穷愁潦倒一生，最后开枪自杀，死时只有三十几岁。李贺的《雁门太守行》中主色调是黑色，毋庸置疑。你还会再选哪两种颜色作为诗歌表达感情的主色调？

生：我认为是金黄色和红色。

师：为什么要选择金黄色？今天，我在校园中看到一种金黄色的花，叫"碧咏金莲"。

生：金黄色写出了战士们披坚执锐的情怀。

师：还有别的选择吗？

生：我也选择红色。

师：红色是鲜血的颜色，还有另外的意义吗？

生：还象征着战争中的牺牲。

师：还有补充的吗？

生：我认为红色不只代表牺牲，还有一种生命力。

师：还有一种生命力，这是我大唐的国土。在初唐时，"宁为百夫长，胜作一书生"，大家投笔从戎，建功立业，于是边塞诗成了唐代的一朵奇葩，边塞诗人是盛唐的仪仗队。所以用血色，用红色来写大唐江山曾有的威仪。

师：李贺姓什么？

生：李。

师：骄傲的天子姓，有贵族的情怀。唐代三李，便是指唐代三位著名的诗人李贺、李白、李商隐。红色，为何写红色？李贺的心，骄傲！作为皇室后裔的骄傲，对于青春的骄傲。《雁门太守行》，除了黑色作为底色，你还会为这幅画选什么颜色?

生：我选择紫色。紫色代表夜幕降临，有一种压抑、未知的感觉。

师：你对于紫色的感觉太好了。在古代，紫色大官可以穿，僧侣可以穿。真是非常神秘的感觉，让你抓住了。真棒！

生：我会选择霜色。因为战争结束，是在傍晚，给人的感觉是凄凉的。

师：黄昏的伤感。请允许我追问一句："霜重鼓寒声不起"，谁有可能去击这个战鼓呢?

生：战士。

师：谁可以发这个号令去击战鼓?

生：将军。

师："将军百战死，壮士十年归"，"将军白发征夫泪"。霜不是落在铠甲上，而是落在战鼓上。这位同学抓住了关键点，对霜色的理解令人叹服。

生：我选择玉色。

师：非常温润，珠圆玉润，温润如玉，玉如君子，玉不离身。

生：在文中玉是宝剑的意思，表达了作者誓死报国的雄心。

师：玉代表一种忠诚，她读出来了，玉是宝剑，因为战士就是国之利器。用现代词来描述，一个军队要讲究血性军魂。又抓住了关键点，真是好孩子！

生：我也选择玉色。在古代，带兵打仗都需要虎符，虎符是玉做的，虎符也是权力的象征。

师：在这里，她想到了虎符。这是绝对中国符号的物件。非常棒！

师：凡·高用金色，用蓝色，深情地拥抱人生，生命中无人给他温暖和爱，但他却在这凉薄的世界上，无情的世界上，深情地活过。李贺也这样，他是一个羸弱的少年，他从小体弱多病，从未到过边关，但他用色彩如此诉说。

师：《将进酒》，谁的作品最出名?

生：李白。

师：这是李贺的《将进酒》，我们共同读这首诗歌。

将进酒

李贺

琉璃钟,琥珀浓,小槽酒滴真珠红。
烹龙炮凤玉脂泣,罗帏绣幕围香风。
吹龙笛,击鼍鼓;皓齿歌,细腰舞。
况是青春日将暮,桃花乱落如红雨。
劝君终日酩酊醉,酒不到刘伶坟上土。

(生齐读。)

师:李贺生活在"夕阳无限好,只是近黄昏"的中晚唐时代,这首《将进酒》一如既往用了那么多明媚的颜色,一如既往地抒发了同样的情怀。同一首歌,那份哀伤,那份伤感,眼前是"皓齿歌,细腰舞",但是"况是青春日将暮,桃花乱落如红雨"。青春者,春天也。"白日放歌须纵酒,青春作伴好还乡。"这就是李贺的《将进酒》,劝酒歌,写得如此伤感,如此的柔肠寸断,这就是中晚唐的写照,一个人不能逃离时代,他是时代精神的写照。李白生活在盛唐,青春的盛唐青春的李白,信口一吐,就半个盛唐。他写过著名的劝酒歌《将进酒》——

生:(齐读)君不见黄河之水天上来,奔流到海不复回。君不见高堂明镜悲白发,朝如青丝暮成雪。

师:同样的劝酒,不一样的人生况味。

师:再看这一句:"云根苔藓山上石,冷红泣露娇啼色。"在田垄中走过,孟浩然看到的绝不是这样的景象,"故人具鸡黍,邀我至田家",那么温暖,那么温馨。但是"诗鬼"李贺,在田间走过,"登山则情满于山,观海则意溢于海",他眼中看到了什么?

生:他看到了苔藓。

生:他看到了山中的石头。

师:山上的石头,光秃秃的,突兀,也是冰冷的。而苔藓给人什么样的感觉?

生：苔藓是绿色的。

师：是寂寞的，87版的《西游记》电视剧中，五百年的沧海桑田，石猴子孙悟空，一冲上天。如何写出五百年的光阴，五百年的岁月，五百年的沧海桑田？

生：石头上会长满苔藓。

师：长满青苔，石猴太寂寞了。"应怜屐齿印苍苔，小扣柴扉久不开。"石头、苔藓，还有什么呢？

生：云。

师：看到最底下的云，云生于什么？山石，还是苔藓？"白云生处有人家"，在山顶上生出白云。除了云、苔，山上的石头，还有什么？

生：他看到了"冷红泣露"。

师："冷红"代指什么呢？露水，落在什么上？世间有万紫千红，那红指什么？

生：他描述的是一种冷红，很萧瑟的红色，而不是我们看到的鲜艳的红色，他内心总是冷色调，他的思想非常忧伤。

师：忧郁而忧伤，这冷红就代花，花上有露水，"冷红泣露娇啼色"。

生："秋坟鬼唱鲍家诗，恨血千年土中碧。"

师：杜甫被誉为诗圣，李白被称为诗仙，李贺被称为什么？

生：诗鬼。

师：李贺为什么被称作诗鬼，而不是诗魔？

生：因为他处于唐朝晚期，写了很多诗，唐朝快要灭亡了，他的诗在当时很出名。

师：很晚很晚，就应该叫"鬼"吗？

生：依我的理解，因为他的诗都非常压抑。

师：那样压抑，不属于白昼，只属于黑夜，还有其他的解释吗？

生：他不像诗仙、诗圣，都逍遥自在，他写的是一种压抑。

师："压抑"一词就足矣！

生：李贺的诗会有很多的色彩，刻画出一种奇异。

师：奇异这个词太奇怪了，艳丽，丰色的艳，如此奇异，非人间之色，非人间之诗也。

生：李贺沉迷于写诗，从小身体不好，天妒英才，他在二十几岁就英年早逝。

师：二十七岁就殁世，就离开了人间。他是天上派来的，不属于人间，鬼斧神工。

师："秋坟鬼唱鲍家诗"，鬼会唱鲍照的诗，李贺选材多选择鬼。

师："蛮娘吟弄满寒空，九山静绿泪花红"。"九山"，中国的神山，西方希腊神话中的神山是奥林匹斯山，那是诸神之所。中国的神住在哪里？

生：昆仑山。

师：太棒了，这是中原神谱。在屈原的笔下，在楚国的大地上，还有一座山，叫"九嶷山"，那也是众神所在的地方。"九山静绿泪花红"，九嶷山上的女神，是谁？湘妃，眼泪是什么颜色？

生：透明的。

师：湘妃的眼泪是什么颜色？

生：红色。

师：为何？里面有相思之血泪。黛玉的前生是什么？

生：绛珠仙草。

师：绛是什么颜色？是红色。"我有迷魂招不得，雄鸡一声天下白"，"画栏桂树悬秋香，三十六宫土花碧"。他不是说所有的宫殿都变成土，土花是什么？请看袁枚的《苔》："白日不到处，青春恰自来。苔花如米小，也学牡丹开。"是苔花。用什么颜色写出了宫殿的荒芜，盛极而逝？

生："三十六宫土花碧"，碧绿色。

师：李贺用一个"碧"写出了一切，写出了盛衰与感叹。

师：李贺有三重苦难，个人的三重苦难，除了家国之外，他从小就体弱多病，还有殿试不第、青春夭折。殿试不第，说来简直是人生的最大玩笑，为什么考不上？在唐代取士不考八股文，只考诗歌创作，诗鬼李贺，鬼斧神工的一支生花妙笔，又怎能考不上呢？考中之后不得，不取。非常简单的原因，他的父亲叫李晋肃，他殿试考中后，就成为了李进士，这就犯了他父亲的名讳。虽然韩愈几次三番为他说情，但是他还是终身不第。想想，一个才华横溢的年轻人，一生不能考殿试，等于他一辈子不能进入主流社会，一生不能做官。在李贺的二百多首诗中，有人说，《苏小小墓》是最具有李贺自传色彩的诗。苏小小，是一位南唐的歌女，李贺写出了她的游魂。但是人们说这是李贺的自传，你们怎么理解呢？我请两位同学朗读这首诗。

生A：苏小小墓，李贺。幽兰露，如啼眼。

生B：无物结同心，烟花不堪剪。

生A：草如茵，松如盖。

生B：风为裳，水为珮。

生A：油壁车，夕相待。

生B：冷翠烛，劳光彩。

生A：西陵下，风吹雨。

师：你认为这是具有李贺自传色彩的诗吗？你怎么理解？是，或不是，都有道理，只要能自圆其说。

生：我觉得不是他的自传，因为他有三重苦难，苏小小没有那么多苦难。

师：诗歌以抒情为主，不可能是论世，不会具有自传色彩的，这是认真思考，认真读后，才有的结论。

生：虽然这首诗中的苦难没有李贺的多，但也有异曲同工之妙，它这里所说的苦难，有一种特别的凄惨。

师：凄惨是相同的。苏小小作为一个女子，不能和自己相爱的人在一起，李贺作为一位臣子，不能为君效力，这一点是相同的。屈原在《离骚》中，把自己比作一位女子，把楚怀王比作自己心目中追求而不得的对象。

生：我认为具有自传色彩，因为诗中说"风为裳（sháng），水为佩"。

师：风为裳（cháng），裳为下衣。

师：你认为苏小小美吗？

生：美。

师：实际上李贺有没有才呢？

生：有。

师：苏小小一生都在苦苦守候，"油壁车，夕相待"，从早晨等到黄昏，但是接她的人始终没有来到。李贺一生能不能去做官呢？

生：不可以

师：诗中"冷翠烛"是什么颜色呢？

生：冷绿色。

师：冷绿色写的是鬼火，鬼火在闪耀。李贺被称为"诗鬼"的原因之一，是他写了若干鬼魂，但他的鬼魂绝不像《哈姆雷特》中的鬼魂那样吓人。《哈姆雷特》是谁写的？

生：莎士比亚。

师：这就是李贺，"幽兰露，如啼眼"，永远是一种绿眼，"无物结同心，烟花不堪剪"。"草如茵，松如盖。风为裳，水为佩。油壁车，夕相待"，用一生来等待，用一生来守候。李贺，莫名其妙的原因，却让他一生不得进仕，即使着开放精神的唐代，也是这样对人不公。

师：李贺的诗最愿意用的色彩是白色，其次是金色、青色、红色，较高频率出现。李贺还有好多发明，创造了很多新的色彩。笔补造化，没有造出的词，他都写出来了。

师：怡红公子是谁呢？

生：贾宝玉。

师：请全班男生一起读怡红公子所领起的词语，女生读黛玉所领起的词语。

男生：(齐读) 愁红、衰红、老红、幽红、冷红、堕红、困红、笑红。

师：一个红有这么多感情啊！

女生：(齐读) 寒绿、颓绿、凝绿、幽绿、细绿、丝绿、静绿。

师：你最喜欢李贺创造的什么红、什么绿？

生：笑红。笑这个字带有感情色彩，再加上红，更加增强了它的表现力。

师：真棒！言简意赅，充满鉴赏力。

生：凝绿。凝让我想到了非常清澈，非常细腻，它不像颓绿、寒绿，让人感觉十分忧伤，这是一种淡淡的忧伤。凝绿，更让人感觉有一种细腻和温润。

师：感觉太好了。这就是一颗诗心，你们都读懂了李贺。

师：最后为大家留一份作业，上联是"飞红点翠，时花美人不足为其色"，请大家为它对出下联。请大家注意下联最后一个字的平仄，因此下联的最后一个字应是平声。另外对联词性相对。我们昆明著名的大观楼，有中国最长的一副楹联，我相信大家完成这个对联完全没有问题的。

师：同学们，下课！

生：老师，再见。

附教后反思

沿着色彩走向李贺

2018年4月14日在昆明，讲李贺的《雁门太守行》。

又是初二的学段，初二的孩子。李贺的诗，他们懂得的。青春夭折的诗鬼李贺，他的秾艳，他的忧伤，他的泣血的歌唱，他未能实现的才华与抱负，他上天入地地寻找却无觅处、无归途的绝望，本来就属于少年，属于青春。"男儿何不带吴钩，收取关山五十州。""少年心事当拏云，谁念幽寒坐呜呃。"

走向李贺的路径有许多条，从色彩入手是一条捷径，斑斓的李贺，五色曜日的李贺。

一、平中见奇：第一问

长文短教，短文长教，化简为繁，化繁为简，绚烂者朴之，朴素者绚烂，这就是某种艺术的辩证法。

面对李贺无尽的斑斓，秾鲜欲滴的色彩世界，我用一个最朴素的问开头：

"这首诗歌运用了哪些色彩来写情感?"俄国画家列宾说过"色彩即思想"。"黑色、金色、紫色、红色、黄金色",这几种色彩写得直接。而"秋色、燕脂色、霜色、玉色"却是间接隐含的颜色,意味深长,包容性强,多义、朦胧,孩子们可以为之驻足,为之停留,仁者见仁,智者见智,这也是课堂最具生长点的地方。

李贺在黑色的底子上作画,充满了战争和死亡的血腥。这幅画的创作者,不只是李贺,还有课堂,课堂上的孩子们共同参与创作。

课堂的节奏在这时放缓,为美停留,课堂的节奏在这里激昂,有那么的孩子们在这里着色,这是教学的弹性、张力,也是课堂的魅力所在。

一首七律,句句是色彩,给读者以强烈的视觉冲击力,奇异、诡异、浓烈;写战场、写死亡、写功名、写生命、写热血、写国殇、写青春。

平中见奇的问,让孩子们体味、体验诗的情感内核,从色彩走向文心。

二、水到渠成,作者介绍要选择恰当的时机

当学生在缤纷的色彩世界沉醉、沉潜、愤悱、疑惑、百感交集的时候,在学生用澄澈而又善感的心灵贴近李贺的世界心生悲悯,一咏三叹,对诗人充满向往却又不无疑惑的时候,告诉他们李贺有三重苦难。作者介绍在诗意语文课堂中也一定要追求一种文学的味道:

李贺有三重苦难:一体弱多病,二殿试不第,三青春夭折。

因为懂得,所以悲悯。

生活在中晚唐的李贺,由于自幼多病,耽于幻想,他不能卫国戍边建功立业,边关沙场对他而言,只能在梦里,在那斑斓的色彩里。因为避父亲李晋肃的名讳,鬼才李贺与殿试无缘,于进士无缘。在学而优则仕的年代,只能位沉下僚,百无一用。二十七岁正当风华正茂的年龄,忽忽而结束自己短暂的生命。

仅有这样简单的作者介绍,学生们对李贺毕竟还有疏离感,在李贺二百多首诗当中选择一首最具自传色彩的诗《苏小小墓》,让学生们再一次走进李贺。

苏小小墓

李贺

幽兰露，如啼眼。无物结同心，烟花不堪剪。
草如茵，松如盖。风为裳，水为珮。
油壁车，夕相待。冷翠烛，劳光彩。
西陵下，风吹雨。

在这首诗中，学生们读出了悲伤、无奈、孤寂甚至是绝望。

知人方能论事，作者的相关材料的抛出，选准时机，定会事半功倍。

三、作一点跨界的尝试，开阔学生的视野

引入凡·高的画作《星月夜》进行对比。诗如画，李贺的诗是大写意的图画，更像西方印象画派的绘画，渲染、设色、铺就、点染，孩子们在李贺的诗和凡·高的画之间游弋，这是美的熏陶，对"诗中有画、画中有诗"，特别是对色彩传达思想和感情有了更深一层的理解。

对于李贺诗的色彩，孩子们经历了从直觉感受到理性认知的过程。

四、语文课总是要写一写的

设计一副对联的上句，让孩子们补写下联——"飞红点翠，时花美人不足其色"，这是对孩子们这节课学习的检验，也是对他们理解能力、创造能力的某种考量。

语文教学，特别是经典篇目的语文教学，应该有一些高度和难度的，让孩子们用一种仰望的视角去读经典，去从众，去庸俗，去课堂表面的热闹，将古典诗歌的单篇短章专题化。

孩子们对李贺对经典，因此也有了属于自己的阅读视角、独特感受，课堂上未必能够滔滔不绝，却有思考和提升。

《阳关雪》教学实录及悟课

师：今天我们学习选自余秋雨先生《文化苦旅》中的一篇散文《阳关雪》。《文化苦旅》是一部游记，既然是游记，往往有移步换景的手法。作者一路寻找阳关，他最先看见的是雪。我们请一位同学大声朗读第一自然段。

【徐玉峰悟课·智慧导入】千难万难开头最难，抓住"游记""移步换景"等散文游记的核心问题是极具智慧的，聚焦了课堂，整堂课都有了明确清晰的指向，不蔓不枝，提纲挈领，牵一发而动全身。

生：（读第一自然段）今天，我冲着王维的那首《渭城曲》，去寻阳关了。出发前曾在下榻的县城向老者打听，回答是："路又远，也没什么好看的，倒是有一些文人辛辛苦苦找去。"老者抬头看天，又说："这雪一时下不停，别去受这个苦了。"我向他鞠了一躬，转身钻进雪里。

师：作者寻找阳关，首先看到了雪。有个词我们一起来看一下，"下榻"是敬辞，不能说我"下榻"，余秋雨先生用这个词不十分准确，我们应注意此处。庄子说"天地有大美而不言"，此为自然之道，清风明月无尽藏，余秋雨先生写阳关，他请来了雪。自然界中有风花雪月，风月无边，他为什么单单选择了阳关的雪,并且在第一自然段中予以强调?是否可以写阳关风、阳关花、阳关月?为什么要写阳关雪?同学们在上学期学过这篇文章,现在看看有没有新的思考。你来说一下。

【黎薇悟课·诗意探微】西晋文学家陆机曾诗"芳兰振惠叶,玉泉涌微澜",语文的诗意在于细微处的挖掘与推敲。这样一篇富有诗意的散文,教授者董一菲老师在诗意解读的同时,用一粒微小的石子——"下榻"一词,释义明宗,即语文的学习要"准、真、实"。这样一个细微处的词语,激起学生于文本细微处探究的热情,这才是语文课堂应有的诗意——"真"。

【丁克松悟课·诗意辩证】对"下榻"一词误用的纠偏,董一菲老师似在向学生传递一种文化意识——"尽信书则不如无书",无论是大作家余秋雨先生还是任何权威,不能盲从,我们需要拥有的是独立思考的能力。

生:因为阳关雪更加烘托出阳关的苍凉。
师:雪,状写苍凉。
生:阳关雪是阳关的代表。
师:阳关的代表,在大西北,"瀚海阑干百丈冰",当然雪最能体现阳关的特点。
生:我看文中写到这里以前是古战场,雪最能突出它的悲凉。
师:以雪写远古,写战争,写死亡,写悲凉,能联系上下文来体会。其他同学还有没有具体的补充?

【张彬彬悟课·诗意寻访】道可道,非常道;美可言,非常美。故"天地有大美而不言",师者之境亦然。董一菲老师不走寻常路,由阳关之"雪"而延至"天地有大美",直抵自然之"美"的真境界,气象之大令人心驰而神往,可窥师者情怀。作者"浴"雪前行,执意探访,亦非寻常之举。非常之文人与非常之教师相遇,是何等的幸事!两者智慧的碰撞绽放出满堂的诗意之光。于是,学生将走进那飘舞的雪花，随着作者，随着一菲老师一路探访阳关，这又是何等幸福之事！《阳关雪》为写景散文，教者着眼于其文体特点，从作者情感与思想的承载物"雪"入手，铺展开寻找阳关的苍茫而凄美的背景，以"雪"为媒，触发幽思；以阳关为载体，梳理历史。一菲老师设计之匠心妙不可言！

生：作者当时的心情也应该是悲凉孤寂的。

师：说到阳关，作者的心情也非常悲凉。刚刚我在休息室的时候，接受了我们学校小记者的采访，其中一个问题问得非常有水平：怎么学习散文？散文形散而神不散，万变不离其宗，何为宗？那种精神，那个灵魂，那份特质的"意"即是宗。于是，那飘然洒落的雪，就落在了作者悲凉的心间。好，这是阳关所见，第一个出场的是雪，接下来又看见了什么？不必拘泥于顺序，请讲。

【黎薇悟课·诗意添香】董一菲老师的诗意课堂是宽松和谐、温馨愉悦的。我们看到师者是文本解读的引领者，为学生展开诗意的画卷，学生则在自由宽松的学习环境中层层探寻文本之美。问题设计体现简约而不简单的特点，师生间非判断性的对话简练而不浅显，学生对作者及文本的感悟得到认可、尊重的同时，更为难得的是一菲老师诗意的评价让学生们的感悟更加深入、更加灵动。这种建立在倾听、理解、尊重与升华的基础上的对话，不禁让人想起"红袖添香伴读书"的意象。此时，课堂上的师者正是学生学习的伴读者，是学生学习文本探寻路上的知音，学生简单回答，师者妙语添香……这便是诗意的师生对话。

生：看到了天地荒原。

师：天地荒原，这位同学阅读文章提炼信息的能力特别强。我们继续前行，寻访阳关看见了雪，看见了天地，看见了荒原，还有什么？注意速读抓关键字，请你来讲。

生：看到了古战场。

生：看到了坟堆、土墩。

师：坟堆、古战场、荒原是一个地方吗？我们可以思考：还看到了什么？

生：看到了阳关古址。

师：这在文章的什么位置？

生：中间。

师：在中间看到了阳关古址。

生：看到了层层的泥沙，还有层层的苇草。

师：层层的泥沙，层层的苇草。还看到了什么？

生：烽火台。

师：那个时代的独特的战场的景象。好，同桌继续说。

生：还看到了唐代人的风范。

师：能"看到"唐代的人？我们无法穿越，请关注眼前，还看到了什么？

生：看到了废墟。

师：这里出现了很多名词，我没有给同学们大量读书的时间，考察的是你们速读抓关键词的能力。大家看，这就是作者寻访阳关所见，看到了雪，看到了天地、山脊、荒原、树影、水流、土墩，如此多的名词纷纷涌现，在细读的时候要体会。看见天地，这个说法很特殊，我们就生活在天地之间，为什么作者走访阳关踏访阳关，要说那个地方的天和地？大西北阳关的天是什么样的天？阳关的地又是什么样的地？请这位男同学读一下。

生：于是，只好抬起头来看天。从未见过这样完整的天，一点也没有被吞食，边沿全是挺展展的，紧扎扎地把大地罩了个严实。有这样的地，天才叫天。有这样的天，地才叫地。在这样的天地中独个儿行走，侏儒也变成了巨人。在这样的天地中独个儿行走，巨人也变成了侏儒。

师：这就是阳关的天和地，在作者的笔下，天绝不是简单的天，地也不是简单的地。除了天和地之外，要写什么呢？

生：他一定会写上自己对自然的热爱。

师：你说的是感情，现在我们继续说内容。在天地之间行走的是什么？大家要认真读，读出字里行间的意味。小的时候大家背过《三字经》的吧，"三才者"是?

生：天、地、人。

师：这就是中国文化的精神，当我们讴歌皇天后土的时候，永远要树立一个大写的人，但是作者在表达的时候，不知大家有没有发现，里边似乎有一个矛盾，在这样的天地间行走的时候，人有可能成为什么？又可能成为什么？

生：要么是侏儒，要么是巨人。

【张彬彬悟课·诗意行走】天地之美直入人心，于是，作者在那一刻看见天地，照见自己。而董一菲老师慧眼烛照作者心中复杂而微妙的情感变化，在那矛盾的"侏儒"与"巨人"的奇妙转换间，是作者作为自然之子与社会之子的双重意识的觉醒。董一菲老师以《三字经》为切入点，引出天地之间大写的人，又升华至中国文化的一种精神，这不正是作者写作《文化苦旅》的初衷吗？发现一个个大写的人，寻找一段段消失的文化，再现一种种生动的美。两位心怀诗意之人因"文"际会，作者静观，师者就用智慧的问题、诗意的语言将学生带入那苍茫的天地间，初步感受忽而高大忽而渺小背后的心理状态与情感变化。三者同步对话，若聆听那灵魂的激荡、心灵的震荡，将使天地肃然，万物欣然。于是，天地间行走的人走啊走，走成一道风景，他会是谁呢？且看下文。

师：是的，要么是侏儒，要么是巨人，这是个矛盾。作者在描写天和地的时候，很有地域色彩，大家想想，阳关在西北，大西北有首民歌叫《信天游》，《信天游》的特点是用叠词来表达，你发现了吗？大量的叠词。

生：挺展展、紧扎扎。

师：展展、扎扎，他用亲切的叠词写这天，写这地，写天地间行走的人，散文尤其是写景散文，一定要注入人的情感，用人的情感来观照这片天、这片地。好，接着思考，题目叫"阳关雪"，请问，重点是阳关还是雪？

生：阳关。

师：雪的作用是什么？

生：烘托阳关的悲凉气氛和承载我们民族的精神。

师：雪，精神，这个男生阐释得非常精当。于是，所有的景物出场都有人的深深的烙印。请想一下，走在这片天地之间的是一个人，这个人可能是作者、作家余秋雨先生，还可能是谁？想象一下，讨论一下吧，同学们，答案不是唯一的。

【徐玉峰悟课·诗意升华】"亲切的叠词"，师者轻轻一语，叠词的作用学生便知晓了，知识融在话语里，化在点评中。"写景散文，一定要注入人的情感，用人的情感来观照这片天，这片地。"一切景语皆成情语，一菲老师不仅看到了文本之后的人，更看到了其背后的思想与情感，此为升华之一。

随后再回题目，视角又有变化："重点是阳关还是雪"？"西出阳关无故人"，学生耳熟能详，皆知"阳关"为重，"雪"为轻。可为何从出发至回程皆有"雪"参与其中？这个隐含的前提条件在师生脑中同现，于是师者随之问道"雪的作用是什么"，其中大有深意。学生的思维被激活，因此下面的回答既有感又有思，外烘气氛，内主精神。于是一菲老师深情小结："所有的景物出场都有人的深深的烙印。"情感、精神，这不就是作者赋予景物的文化人格吗？此为升华之二。

（生讨论。）

师：没有想好的同学可以求助，首先从你开始吧！

生：也可能是战场上的士兵。

师：天地间的远行客从远古走来。后面的同学，你认为有可能是谁？

生：边塞的人。

师：边塞的人，当地的居民，他也可能是胡人，还有可能是谁？

生：诗人。

师：是唐代的诗人还是宋代的诗人？

生：唐代。

师：这么笃定，为什么不是宋代的？

生：文中说唐人的风采。

师：的确，文中不是说了嘛，是冲着王维的《渭城曲》去的，王维是唐人，你是一个会读书的孩子！

生：还有可能是现代的文人。

师：现代的文人，古今的映照，走啊走，行行重行行，秦时明月汉时关。

生：我觉得是四处流浪的文人，他们走遍全国各地来到了这里。

师：流浪，流浪是一种多么好的生活境遇。我们看四大名著用"流浪"这个词，用得非常好，如《西游记》中孙悟空叫什么？

生：孙行者。

师：行者，一种非常自由的人生状态。再看，《水浒传》中武松有各种各样的号，但他独喜欢哪个号？

生：行者。

师：让我们来做个行者吧，脚踏大地，头顶蓝天，敬畏自然。这个时候，也许我们是侏儒，也许我们是巨人，浪迹天涯。

【黎薇悟课·诗意同行】"石本无火，相击而显灵光"，一菲老师的课堂上，学生是幸福的，因为作者诗意的文字让学生思接千载，师者诗意的语言更是唤醒了学生心中沉睡的诗意，更加真实地关注自身存在，体味生命最本真的内在诉求，在诗意的语言中感悟作者文化苦旅中的彻悟与人文关怀。"让我们来做个行者吧，脚踏大地，头顶蓝天，敬畏自然。这个时候，也许我们是侏儒，也许我们是巨人，浪迹天涯。"此时，一菲老师因情而发，诗意的解读让文本更富有情思与灵性，多角度的寻踪溯源，让学生学会与作者对话，与文本对话，同喜同悲，诗意同行！

【徐玉峰悟课·诗意流浪】此前从未感觉"流浪"一词竟能生发出如此自由唯美之境，可在一菲老师的眼中、心底，流浪就是一种诗意的生活，是一种美好的境遇，是一种自由的人生状态！当学生说出天地间行走的人可能是四处流浪的文人时，一菲老师就以一种大文化视野重新定义了流浪，那是名著里的自由行走，那是生活里的诗意栖居，不由想到齐秦歌中流浪的意境，美好而又有些孤独。这不正是千古文人的共性吗？于流浪中，用脚步丈量大地山河，与古人共享山间明月，是一种独与天地精神相往来的精神境界。一菲老师课堂应变之智慧与思想的诗意如此巧妙地融合在一起，令人对流浪生出向往之意，这便是一位师者的魅力引领！

生：也可能是唐代的谪官黜臣。

师：谪官黜臣，注重对文本信息的提炼，在全文的结尾，他找到了这个词。总之，阳关就是这样的阳关。寻阳关，千里迢迢，层层叠叠，看见了雪，看见了天地，看见了山脊，我们在生活中很少说"山脊"这个词，我们说山脉、山峰、山峦，但余秋雨先生偏偏说，他看到的是"山脊"。为什么不可以是山峰？为什么不可以是山峦？为什么不可以是山脉？

生：用山脊突出山高耸入云的特点。

师：为了突出山高，所以我们经常说脊梁、世界屋脊，形容高处。脊，很有表现力，还能从别的角度来说一说吗？

【徐玉峰悟课·诗意涵泳】真正的名师从来不放过每一个微观的词语，那些看似高远、深刻之境皆源自细细品读。一菲老师将山脊与山峰、山峦、山脉相比较，斩截而有力，完成思路的拓展，将学生引向思维的更深处！

生：我觉得是说西北大地一望无际，没有边际，归程、山都是连绵的，望过去就是连成一片。

师：这是一个非常非常遥远的尽头，它是一幅画，你觉得视角是远观。好，继续说。

生：因为山脊都是高的，高的地方是终年不化的积雪。

师：他实际上还是在写雪，因为雪在全文中是什么？

生：全文的线索。

师：对的，是线索，有的时候就是显的，有的时候又是隐的。山峦，山脊，为什么这么称呼，同学们从不同的角度进行了思考，于是，我们明白，推敲词语的过程其实就是推敲情感的过程。请看，行行重行行，寻找阳关，看见了雪，看见了天地，看到了山脊，接下来呢？接下来看到了浓墨重彩的所在，那是他称之为荒原的地方，荒原其实就是——

生：阳关。

师：就是阳关的写照，非常同意，荒原其实就是——

生：就是古战场。

师：荒原就是土堆坟场，是的，在这里被作者反复强调的，最钟爱的那个词是什么？荒原。荒原是什么样的地貌？我们学地理知道，有湖泊，有平原，有山脉，有高原，独独没有荒原。同学们说，什么是荒原？

生：荒原就是没有开发，遍地都是自然景观。

师：这个词很准确，荒凉，没有开发。你来说，什么是荒原？

生：比较荒凉。

师：可以的。

生：荒原就是毫无生机的地方。

师：没有生机，没有生命的迹象，一片死寂、死亡的气息。他仅仅想说这是古战场，这是坟堆吗？他要说什么？在这里埋葬的仅仅是戍卒将士吗？埋葬的是什么？

生：埋葬的是中国土地的灵魂。

【张彬彬悟课·诗意挖掘】真正的诗意源于厚重，真正的厚重源于深度，真正的深度源于挖掘。一菲老师对文本的感悟之深、体味之细令人叹为观止。老师对"荒原"一词的解读引导可谓一步一景。由地理层面的未开发至文学层面的"毫无生机"，其中隐含着自然与生命对话的神秘。师者诗意诗语信手拈来："没有生机，没有生命的迹象，一片死寂、死亡的气息。"蔓延开的无尽的悲哀在师者的情感里发酵，在学生的心中铺展，于是，那埋葬的中国土地的灵魂便被学生深深体悟，这与师者此前的情感铺垫以及连续四句的"问心"密不可分。如此挖掘，美不可言！

师：这就是读散文首先要抓住魂，万变不离其宗，这是我们民族的文化，我们民族曾经有的精神气象，曾经的昌盛，可是现在没有了，于是，我叫它"荒原"。"荒原"一词，是一个文化的传承，不是余秋雨先生的首创，余秋雨先生是一个博通古今的学者，他用的意象源自艾略特的《荒原》。《荒原》是一首很长的诗，用了大量的典故，英国诗人艾略特用荒原来说整个西方人的精神已经荒芜，是那样的干渴，比沙漠还可怕，不长一棵草，即使是四月，当它有所生长的时候，依然这么可怕。这是节选，哪个学生感兴趣把它读一下？

【谢发茹悟课·诗意点评】董一菲在这里对学生的点评是不吝赞美，直接肯定，这是对学生自由表达想法的一种鼓励，也是用关切的语气给课堂营造出一种轻松自由的气氛，让学生发挥想象力，自由地表达想法。同时，董一菲这里的点评也有着针对学生回答的智慧分析和引导，不仅让学生豁然开朗，更是用优美文雅的语言把学生带入一个文学文化的世界，使学生知识面得到巨大的拓展，同时在审美能力上得到充分的锻炼。

生：四月是最残忍的一个月，荒地上／长着丁香，把回忆和欲望／掺合在一起，又让春雨／催促那些迟钝的根芽。

师：非常有感情，读得真好。四月，东西文化有完全不同的感觉。说到四月，我们想到林徽因，她说"我说你是人间的四月天，笑响点亮了四面风"，而艾略特说"四月是最残忍的一个月"，因为荒原上长着丁香，为什么长着丁香却是一种残忍？大家肯定看过凡·高的名画《向日葵》，我采访一位同学，请问凡·高的向日葵是一朵盛放的太阳花还是边缘已经枯萎了的太阳花？有没有同学对《向日葵》印象比较深？它是一种完全盛放的感觉还是周围已经有了枯萎的景象？你来说。

生：凡·高的太阳花应该是周围的叶子已经耷拉下来了。

师：为什么？

生：因为表达的是枯萎。

师：画一个太阳花，周围是枯萎的。学过《孔乙己》吗？孔乙己在别人的笑声中出场，然后他又死于众人的笑声。当众生喧哗、众生欢畅的时候，你感觉到的是欢乐还是对生命的悲哀？

生：对生命的悲哀。

师：那为什么当四月荒原上长着丁香的时候，却是最残忍的季节？

生：因为丁香长在荒原上，荒原把生命带来了，却没有对这个生命负责。

【谢发茹悟课·诗意拓展】看似不经意的浅浅的提问，却逐地地拓展，让孩子们由一个朦胧的印象变为清醒的认识，由此及彼，领会了本文"荒原"这两个单薄文字背后丰厚的文化底蕴。短短的一段话中，任教者由文到诗到画，再回归到文，不同的艺术形式形成了一致的诗意生成。

师：准确的表达！其实对比映衬永远是艺术的不二法门。当余秋雨先生写下"这就是中华民族的荒原"的时候，他已经浓缩了太多的文化心理，浓缩了太多的艺术表现力，于是，他不称它为古战场，他说这是荒原。走过荒原，然后他看到了树影，他不说树木，他不说树林，他更不说森林，他说自己看到了树影，为什么是树影？他寻阳关，寻王维的阳关，寻盛唐的阳关，行行重行行，他说，看到了远方的树影，为什么？

生：荒原有一种凄凉之感，即使是树也是单独的一棵树。

师：这是大西北的苍凉，是生命的荒原，树木影影绰绰，是也非也，于是叫树影，这是难得一见的生命的绿色。这片荒原什么都不长，却生长了一个民族的精神，但现在唯有树影。接下来，作者又看到了水流。这不符合我们平时的表达方式，我可以说我看到了大海，看到了小溪，我看到了流水，都是水在动，可他说，水流。同学们，能听到声音吗？

生：听到了。

师：听到了声音，荒原也好，古阳关也好，此时是喧嚣热闹还是别样的冷寂？

生：别样的冷寂。

师：为什么？明明有流水的声音啊。

生：这里已经荒废了。

师：这在写作手法上叫什么？以动写静？用声音体现无声？是的，以声衬静，正如王维的"鸟鸣山更幽"，听到鸟鸣，感觉山更静了，听到潺潺汩汩之流水声，荒原越发死寂。

【张彬彬悟课·诗意聆听】寻阳关，看见是一种视野，聆听是一种体悟。于荒原之上，听水流之音，愈显空旷、冷寂。作者听到的是隐于水流里的悲鸣，师者听到的是细弱律动中的死寂，既动且静，动中味静，其境尤深。——菲老师借王维之诗既深达心灵以增情感体验，又明确写法以助理性之思。于是，在一片大寂静中我们深深地读懂了朱自清的文字："热闹是它们的，我什么也没有。"这就是失落的阳关的文明。

师：题目叫"阳关雪"，一步步来寻，我想的是，写了雪、天地、山脊、荒原、树影、水流，这是阳关吗？为什么？若不是，何以用大量的笔墨来写这么多的意象？是也非也？

生：是阳关。

师：阳关就是这样的，笔笔写阳关，"不着一字尽得风流"，这是中国传统的写法，不直接写，间接写，烘托着去写，点点滴滴都是阳关。

师：(小结) 终于，终于，阳关出现，层层叠叠地铺垫，层层叠叠地渲染，阳关就在眼前。我们每个中国人的心中，何尝不藏着一个阳关？王维的阳关是什么样的？

生："劝君更尽一杯酒，西出阳关无故人。"

师：我们心中的阳关，肯定是高耸的，它抵挡着凄凉，就那样屹立着。在西北边陲，余秋雨终于看到了阳关，看到了什么样的阳关？请大家读课文。

生：所谓古址，已经没有什么故迹，只有近处的烽火台还在，这就是刚才在下面看到的土墩。土墩已坍了大半，可以看见一层层泥沙，一层层苇草，苇草飘扬出来，在千年之后的寒风中抖动。眼下是西北的群山，都积着雪，层层叠叠，直伸天际。任何站立在这儿的人，都会感觉到自己是站在大海边的礁石上，那些山，全是冰海冻浪。

师：读得好。大家看这一段文字是对阳关的正面描写。你们在读书的时候是否关注了一个动词？昔日的阳关，从汉代就有的阳关，和玉门关遥遥相望的阳关如今怎样了？一个反复出现三次的动词是什么？

生：坍塌。

师：这个词是什么偏旁？土堆倒了，一层层的苇草、一层层的沙铸就的实际的阳关倒掉了。王维的阳关还在吗？有形的阳关可以倒掉，但是无形的阳关呢？王维和盛唐的诗人们造就的阳关是什么样子的？读文章，选择关键词。曾经的抽象的属于人们精神领域的阳关，盛唐的阳关，我们民族的阳关是什么样子？作者余秋雨不惜笔墨，用了大量的形容词。我们来找一找。

【丁克松悟课·诗意批判】孙绍振先生评价余秋雨在当代散文史的地位时，曾提到余氏话语"达到一种无须声张的厚实，一种洗刷了偏激的淡漠"的成熟之境。董一菲老师在与文本、学生对话中，深谙此道，在情感的审美中渗入智性，将冷峻和激情统一，统一到化合的程度。在一菲老师的引领下，阳关的模样渐次清晰：阳关象征着一个精神的世界，构成了一个文化的群落，文人们获得了灵魂的安息。而一菲老师则借着重构阳关，传承文化，和学生们一起发现曾经诗意盎然的阳关，失落的盛唐气象……

生：第11自然段中的"健美"。

生："豪迈"。

生:"放达"。

生:"自信"。

生:"这种风范,在李白、高适、岑参那里,焕发得越加豪迈。"

师:阳关不在了,王维的阳关是什么样子的?

生:是乐观的。

师:这就是唐人的精神,在世界各国,中国人的聚居地,我们称之为唐人街,唐是我们的骄傲。曾经盛唐的气象,如今坍塌了。这便是主旨。

师:余秋雨先生在他的《文化苦旅》中写了很多的散文,他对每一个古迹都有他自己独特的理解,代我们这个民族立言。他走过三峡,走过白帝城,读出了这样的文字,谁来读一下?

生:我想,白帝城本来就熔铸着两种声音、两番神貌:李白与刘备,诗情与战火,豪迈与沉郁,对自然美的朝觐与对山河主宰权的争逐。它高高地矗立在群山之上,它脚下,是为这两个主题日夜争辩着的滔滔江流。

师:采访你一下,白帝城是我们熟悉的三峡所在的一个地名,作者却说这是李白和刘备的白帝城,李白在白帝城书写下我们民族的什么?

生:我们这个民族的诗情。

师:刘备在这里书写我们民族的什么?

生:战火。

师:这就独特的视角,这就是文化散文的独特视角。再看余秋雨先生在他的《文化苦旅》中是怎样写西湖的。谁来读一下?

生:西湖胜迹中最能让中国文人扬眉吐气的,是白堤和苏堤。两位大诗人、大文豪,不是为了风雅,甚至不是为了文化上的目的,纯粹为了解除当地人民的疾苦,兴修水利,浚湖筑堤,终于在西湖中留下了两条长长的生命堤坝。

师:白堤和苏堤是西湖十景之一,作者余秋雨先生却说这是生命的堤坝,这就叫见识,这就是独特的思考独特的角度,这就是我读我看我思我写。《文化苦旅》会把许多文人属于自己的精神印迹印在那一片山,那一片水,那一片古迹之中。我们学习的《阳关雪》是一篇节选,文中有这样一句话,请大家齐读。

生：（齐读）文人的魔力，竟能把偌大一个世界的生僻角落，变成人人心中的故乡。

师：说到黄鹤楼，我们都会想起崔颢，在很多人心中黄鹤楼是崔颢的黄鹤楼。说到扬州，我们想念的永远是小杜的扬州，"十年一觉扬州梦"。说到黄州呢？是谁赋予黄州别样的东西，哪个文人？（生答）是的，苏东坡。而说到岳阳楼我们又会想到一文一诗，文必是范仲淹的《岳阳楼记》，诗必是杜甫的《登岳阳楼》。

【丁克松悟课·诗意重构】余秋雨先生的杰出之处就在于他用文化人格建构的话语，重新阐释了自然山水和人文景观，董一菲老师则用审美的激情和诗意的哲学引导学生去关注《文化苦旅》中的山水人文，从三峡的白帝城开始，经西湖的白堤、苏堤，历崔颢的黄鹤楼、小杜的扬州，至苏子的黄州、范仲淹的岳阳楼作结，作了一番诗意巡礼。这一路下来，一菲老师抛弃了传统丰厚的经典对话，选择了与自己灵魂相同的诗意话语再度阐释了人文山水，完成与学生一起重构经典人文山水的尝试。

【谢发茹悟课·诗意拓展】这样的旁征博引，体现了董老师其文化知识的渊博丰厚以及课堂反应之机智，更体现了董老师诗意语文的教育理念，即给学生一个悲天悯人的情怀和内儒外道的世界，从大语文中着眼，从无数历史人文中去感受他们生命的脉动，从广阔的文学天地和艺术世界中获得一种独特的审美体验和普世的价值观。

师：下面我们来看一个课堂小练笔训练，我可以探探同学们是否倚马可待，兔起鹘落。《阳关雪》，雪没有正面出场，《阳关雪》的结尾还有配乐，便是那胡笳、羌笛，这也是一带而过。现在请你为《阳关雪》补写一段文字，可以选择雪、胡笳、羌笛或其他的一个意象，结合文章意境，展开联想，模仿作者赋予这些意象以别样的深意，它属于阳关，属于那个时代，属于边塞，属于边塞诗。

（学生当堂创作，并展示作品。）

生：在这样的天地间站着，脚下是在荒原中孤独叹息的千年的阳关古址，面前迎着的是在狂风中飘忽不定的茫茫白雪，它们一个个是那样的晶莹剔透、洁身自好，可终究逃不过命运的折磨，在时代的烈风中摇摇欲坠，它们都是阳关的缩影，或者这就是阳关在哭诉它内心的悲凉吧！所以才会每一下打在人身上却打到了人的心里。

师：（点评）一切景语皆情语。这就是最高境界。同学们能感受这情景交融的妙处，写出心中所感是最重要的。

生：在那些个寒冷的夜晚，饱受着边塞环境的恶劣，将士们守驻于此，远处传来一阵委婉凄凉的乐声，与茫茫大漠交互融合，揉进微凉月色里，它源自遥远的戈壁，又似乎于耳畔响起，月色凄迷，胡笳苍凉，吹起异乡抑郁，悲悲落落惹人思，故乡于何处？何时还故乡？

师：（点评）胡笳，悲伤，大漠，思乡，这样的主题，还有月色，听起来非常有感觉。胡笳也好、雪也好、羌笛也好，和这片土地已经一起生长，那便是阳关，那便是阳关雪，一个民族的精神的荒原。再叫最后一位同学，你来说。

生：在一片荒凉的沙漠上，胡人吹奏着笛曲，音色悠扬，凄冷，为荒原涂上了悲凉的色彩。

师：（点评）笔笔不离荒凉，写胡笳的悲哀和大漠的孤寂。

【谢发茹悟课·诗意熏陶】这个练习的设置，不仅注重对学生进行语文思维方式的训练，还有对学生情感的培养，人文的教育。这些精彩的课堂呈现，正是因为执教者整堂课通过诗意、唯美的语言把自己的情感体验很好地传递给学生，并且以广博文学知识勾起学生的求知欲，促使着学生去学习，去模仿，去表达：语言表达的优美，给人审美的感受；用丰富的意象营造意境；文学气息浓厚又不失丰富细腻的情感体验。诗意的熏陶已水到渠成。

师：（小结）这便是《文化苦旅》，同学们可以在课下读这本书，它出版后影响了几代人，并且，它也使散文完成突围，走向文化大散文，不再是一种小我的固定视野。好,同学们起立,齐读余秋雨这段话。

生:(齐读)希望自己笔下的文字能有一种苦涩后的回味,焦灼后的会心,冥思后的放松,苍老后的年轻。

师:下课!同学们再见!

生:老师再见!

附教后反思

删繁就简《阳关雪》

《阳关雪》选自余秋雨的《文化苦旅》,在入选苏教版八年级教材的时候有大量的删减。

作为有独特视角、有文化人格、有历史人文、有浓烈抒情和深邃哲理的散文,如何带领学生们学习的确是一个问题。

(1)整体感知是阅读的底色,删繁就简找出游踪。

《阳关雪》是一篇有独特精神风采的游记,游记往往通过移步换景体现游踪,因文本较长,阅读宜删繁就简。初读,理出脉络和线索。

第一个教学环节设计着眼于,作者寻阳关一路所见:

雪→天地→山脊→荒原→树影→水流→土墩。

长文短教,化繁就简,删繁就简,引导学生梳理课文,快速提炼关键词,培养速读、整理归纳信息的能力。

(2)拓展阅读,在删繁就简的对比中体会东西方文化的不同,扩大阅读视野,可以事半而功倍。

"这里正是中华历史的荒原,如雨的马蹄,如雷的呐喊,如注的鲜血。"

"我在望不到边际的坟堆中茫然前行,心中浮现出艾略特的《荒原》。"

"荒原"是一个经典的意象,艾略特的《荒原》正是西方世界人的精神世界荒芜、萎缩、冷酷、衰败的象征。

对于文本中大段的关于古战场、关于荒原描写的象征、隐喻与暗示，及其丰富的内涵，如果从正面引导初中孩子去理解一定是有难度的，而删繁就简进行对比是一切艺术的不二法门。教学是一门艺术，教学中使用对比，可以简化教学过程，直抵文心文意。

因此，精心选择艾略特《荒原》中最易懂的一段诗句，帮助学生理解文本中"这是中华历史的荒原"这一抽象的句意。

荒　原

艾略特

四月是最残忍的一个月，荒地上
长着丁香，把回忆和欲望
掺合在一起，又让春雨
催促那些迟钝的根芽。

作为支架性的材料，引导学生理解荒原之荒，"四月""丁香""春雨"的反衬，"残忍""迟钝"的描摹，感受、体味那份毫无生机的荒原绝望。

对比中参差映衬，对比中摇曳生姿，对比中东西方文化和而不同，对比中荒原的意象饱满而凝重。对比也可以剔除许多缠绕和覆盖的意象，理解荒原，理解阳关，理解苦旅，理解文化之殇。

（3）引导学生从《阳关雪》中走向整本书的阅读，探究《文化苦旅》，删繁就简，精选文段，增加课堂的厚度、广度和高度。

一简再简，一删再删，只留下最具有余秋雨风格的两段文字。例如其中关于西湖的：

"西湖胜迹中最能让中国文人扬眉吐气的，是白堤和苏堤。两位大诗人、大文豪，不是为了风雅，甚至不是为了文化上的目的，纯粹为了解除当地人民的

疾苦,兴修水利,浚湖筑堤,终于在西湖中留下了两条长长的生命堤坝。"(余秋雨《文化苦旅·西湖梦》)

人与堤已合为一体,白堤与苏堤是白居易、苏东坡两位大诗人生命精神的外化。

这是文化大散文的个性所在,历史、岁月、山河在作者的笔端,有灵有情,灵动传神。

《西湖梦》被誉为《文化苦旅》的终结篇,笔力雄健,哲思深邃,文采飞扬。西湖是苏轼的西湖,是白居易的西湖,是苏小小、岳飞的西湖,是儒道释、中国文化的西湖。

西湖和阳关,一南一北,一豪放一婉约,一山一水,一江南一塞北,西湖是白居易和苏东坡的西湖,阳关是王维的阳关,这样的互见、印证,这样的书写和哲思,一定会开阔学生的胸襟、格局与视野。

这则语段对《阳关雪》起到了一个旁证的作用。

而《三峡》对白帝城的描写更是有趣,李白书写了白帝城的诗情,刘备书写了白帝城的战火,白帝城用两个人来书写,大气磅礴。

余秋雨的才思,至此,孩子们一定是触摸到了。

(4)揣摩语言,抓关键词,删繁就简,让孩子们体会作者精妙的表达,传神的词句,厚重的文化意蕴,灵动的风神。

比如揣摩语言我设计了如下的问题:

①自然界有"风花雪月",为什么此文名"阳关雪",而非"阳关花""阳关月"?

②作者写"山脊",为什么不说是"山峦""山峰""山脉"?

③作者看见了"树影",为什么不说是"树木""树林"或"森林"?

④看到"水流",你是否听到了流水的声音?为什么要这样写?

这一组问题,貌似简单的词语比较,而学生厘清的恰是文章的线索、意境、色调、情怀,体味的正是阳关所承载的精神文化,把阳关放在了历史与文化人格的坐标系上。沧桑、苍凉、壮阔感得以彰显。

（5）用作者的经典话语为课堂点睛，删繁就简，收束升华。

《阳关雪》中有两处议论，一处选入了教材，一处被删节。

其一："有这样的地，天才叫天。有这样的天，地才叫地。在这样的天地中独个儿行走，侏儒也变成了巨人，在这样的天地中独个儿行走，巨人也变成了侏儒。"（余秋雨《阳关雪》）

引领学生理解"三才者，天地人"，理解人与自然、与历史的关系。

其二，是被编者删掉的一段议论：

"文人的魔力，竟能把偌大一个世界的生僻角落，变成人人心中的一个故乡。"

这句话可谓《阳关雪》甚至是整部《文化苦旅》的总纲。

引领学生想开去，崔颢与黄鹤楼，杜牧与扬州，苏东坡与黄州，范仲淹与岳阳楼。

自然、历史、人生，课堂因此有了足够大的开阔。

把书读薄，从我注六经，到六经注我。删繁就简是境界，这节课虽未抵达，很多时间仍不枝不蔓，还有那么多挂碍，功力不足，但毕竟在努力前行。

《归园田居》教学实录

师：同学们，上课！

生：老师好！

师：同学们好，请坐。今天我们学习的是《归园田居》。南朝的钟嵘说"陶渊明是古今隐逸诗人之宗"，同学们能不能解释一下什么是隐逸诗人之宗呢？

生：我认为是归隐的诗人中比较厉害的一位。

生：我认为是第一位。

生：我觉得"宗"证明陶渊明的写诗造诣很高，开了先河。

生：我认为是古今隐逸诗人的鼻祖。

师：钟嵘一句简洁的陈述，孩子们有这么缤纷的解读。我们接着解读陶渊明。

师：陶渊明既然是古今隐逸诗人之宗，开先河，开宗立派，创造一种范式，从此中国士大夫心灵里便有了田园，那在哪里安顿心灵呢？有一个生命之场，就叫田园，也就是园田。园田存乎于现实与理想之间。中国的传统诗歌，向来不喜直接抒情，而是含蓄的、蕴藉的、风流的、曲折的、平仄的。园田是什么？陶渊明说那是方宅。陶渊明的园田还可以是什么？请速读课文，说出关键词。

生：陶渊明的园田是草屋。

生：陶渊明的园田是榆柳。

生：陶渊明的园田是桃李。

生：陶渊明的园田是远人村。

师：这位同学，可以用两个字概括"远人村"吗？

生："人村"。

师：真好，人村，有人的村子，村中有人，目中有人，否则的话园田的意义又何在？请继续说下去。

生：陶渊明的园田是罗堂。

师：孩子请注意，"桃李罗堂前"中的"罗堂"是动词，所以你概括错了。陶渊明心中的园田，是方宅、草屋、榆柳、桃李、村庄、袅袅的炊烟、狗吠鸡鸣，甚至是无尘，甚至是有闲。哪位同学能读这首诗给大家听呢？

（一生有感情地朗读全诗。）

师：读得真好！

师：那么这样的园田有什么特点呢？恐怕同学们有疑惑的是"户庭无尘杂，虚室有余闲"。什么是无尘，什么是有闲呢？无尘仅仅是干净的意思吗？

生：不是，我认为还涉及作者的内心。

师：已经直指心灵了！好的文学作品就是这样，无尘不是表面上的没有灰，是心灵的什么呢？

生：心灵的纯洁。

师：再看看这句诗，这句诗的源点意向，也是抽象的田园诗的源点意向。从此，士大夫归去来兮的时候永远歌唱的是这样的主旋律，如《陋室铭》中的哪句话能解读这两句诗呢？

生："无丝竹之乱耳，无案牍之劳形。"

师：很好，这是一种无尘的境界。接下来的"虚室有余闲"，陶渊明期待的是有空余的房间吗？与《陋室铭》中的哪句话比较契合？

生："斯是陋室，惟吾德馨。"

师：那么他有什么样的朋友呢？

生："谈笑有鸿儒，往来无白丁。"

师：就是这样，鸿是大也，儒是学问家，这是人生的境界，虽然隐了，但是真正的大隐是隐于山林，隐于闹市，隐于朝堂。于是，把中国士大夫的心灵引向一种高远的东西。

师：这就是田园诗人之宗，他创作了这样一组意象，创作了这样一种范式。但让我们安放心灵的陶渊明，被南朝的钟嵘一忍心放到了《诗品》中的二十四品的中品。有那么多的人喜欢陶渊明，当苏轼被贬惠州的时候，遥远的惠州，岭南蛮烟瘴雨的地方，他会说："饱吃惠州饭，细和渊明诗。"他完成了精神的突围，完成了自我的救赎，因为有了陶渊明。但是钟嵘说不——他的诗不好，要给他放在中品。122个诗人从汉朝至南北朝时期，陶渊明就在这样一个段位。那么你们有什么样的理解呢？先作第一个选择，你觉得陶诗浓耶淡耶？

生：我认为陶渊明的语言是清新的，是比较淡雅的，但是他表达的情意是非常浓厚的。

师：淡的是语言，浓的是情感，淡淡地入，浓浓地出，这是最高的境界。

生：我觉得应该是淡。他这首诗表达了淡泊的情怀。

师："淡淡"是多么强大的力量，多么大的智慧。中国古人老子、庄子深谙"淡"的力量，让我们的精神世界有了柔软的部分。那么还有没有同学要说其他的？静乎动乎？虚耶实耶？景语情语？

生：我觉得陶渊明的诗句是淡的，从他的"暧暧远人村，依依墟里烟"中可发现，他描写的是一种昏暗的村庄和轻柔的人烟，说明他的文章是安静、平静和安详的，仿佛不受任何世俗的干扰。

师：非常会品味，尤其会抓住叠词。叠词是我们汉语言、汉民族骄傲的所在。叠词有一种曲曲折折、平平仄仄、深深浅浅的美丽，于是"女词帝"李清照在《声声慢》开篇便用了七组叠词："寻寻觅觅，冷冷清清，凄凄惨惨戚戚。"这就汉语言的魅力。"暧暧远人村，依依墟里烟"，充满了音韵之美。还有别的想表达的吗？可以谈语言，谈意象，谈色彩，甚至可以谈音响。好的诗就是一幅画，好的诗就是一首音乐。

生：我认为陶渊明的这首诗是淡的。可以从它的画面上看，陶渊明用娓娓道来的语言为我们描绘了一幅很美的乡村景象，他首先说"方宅""草屋"，接着又说到了"榆柳""荫后檐""桃李罗堂前"，又写到了远处的人烟以及"深巷中"的"狗吠"和桑树上的"鸡鸣"，整个就是一幅非常美的画面。像水墨画一样，让人感觉到一种淡淡的情怀，融在这幅很美的水墨画里，同时他又通过"狗吠"和"鸡鸣"，衬托出那种非常幽静的环境。所以我认为他是淡的。

师：这里想追问一下，水墨画，你觉得只有哪两种颜色？

生：黑色和白色。

师：是的，黑色和白色。想想中国的《易经》中的阴阳鱼，什么颜色呢？只有黑与白，却写尽了大千世界的五光十色，这就是无色的魅力，这是淡极了的魅力。黑，颜色的终点；白，所有色彩的起点。有了终点，有了起点便有了整个的世界。继续分析文本。

生：我想谈的是景语和情语。我听说过一句话——"一切景语皆情语"，这首诗中所写的景物，有很多非常自然，体现了作者在自然中自得其乐、归隐的淡泊情怀，不仅是写景，更是抒发了作者这种淡泊的情怀，所以既是景语又是情语。

师：强大的语言感受能力！语感是天赋，更靠后天的训练和积累，她把握得很好！整首诗景语奇多，这是显情，剑走偏锋，没有一定的功底是不敢这么写诗的。王国维说"一切景语皆情语"，而陶潜用记叙的语言来写诗，他不抒情，他甚至不描写。好罢，那就白描，就记叙，就说方宅、榆柳、桃李，什么样的榆柳什么样的桃李我都不说。《诗经》还要这么讲——"昔我往矣，杨柳依依。今我来思，雨雪霏霏"，无论是那"依依"还是"霏霏"，都是描写。陶潜洗尽了铅华，仅用诉说。什么样的人可以素面朝天？"素面朝天"这四个字只能赠予唐代第一美人杨贵妃。天指天子，怎样见天子？她素面去见天子，无需化妆，因为化妆的胭脂会污了她的花容。这是怎样的美！陶潜的诗又何尝不是如此！

师：请同学们继续读诗，回答问题。

生：我觉得这首诗动静结合。"榆柳荫后檐，桃李罗堂前。暧暧远人村，依依墟里烟"，我觉得这是静；"狗吠深巷中，鸡鸣桑树颠"是动，以动写静。

师：的确，有很多的声响，却绝不喧闹，反而有种别样的宁静。陶渊明反对一切人为的音乐，诗中是什么音响？

生：我觉得陶渊明的诗中是自然界中固有的声音，狗吠与鸡鸣。

师：狗在哪里叫？

生：深巷中。

师：深巷中住的是农人，现在的养鸡场的鸡是飞不到桑树上鸣叫的，说明……

生：说明这是一种非常淳朴和自然的环境。

师：这就是大自然的声音，这就是田园独有的声音，这就是田园的魅力，它召引我们回归，归去，不要忘记我们的来时路。古人说"人籁不如地籁，地籁不如天籁"，这就是陶诗，这就是田园。作为田园诗的鼻祖，他开宗立派，后来遥遥呼应的是盛唐。盛唐的山水田园诗人有两位，一位是诗佛王维，一位是孟浩然。一起看大屏幕上的两首诗，比较一下。孟浩然的田园和陶渊明的不一样，同样写山林，王维和陶渊明写的又不一样。你有哪些发现呢？其实这就是艺术的不二法门，永远存在比较。就像中国古典小说的巅峰《红楼梦》，一定要塑造两个主角让你分不清谁更重要，那便是双峰对峙、二水分流的钗黛，薛宝钗有着倾国倾城貌，林黛玉有着风露清愁。

师：那么请同学们辨识一下大屏幕上的两首诗：孟浩然的《过故人庄》和王维的《辛夷坞》。

生：我想说孟浩然的《过故人庄》和本诗的对比。孟浩然的《过故人庄》重在写实，侧在写田园生活，而陶渊明用其淡雅的语言为我们描绘了一幅美丽的田园景色，表面是在写景，但是他通过一些意象把他想表达的情感都表达出来了，是在以实写虚、以实衬虚。孟浩然是用实写出了田园生活，陶渊明用虚表达出来他的情感。

师：这么辽阔的眼界和情怀！孟浩然说"故人具鸡黍，邀我至田家"：我的朋友邀请我去做客，我来了。而陶渊明虚幻的、描绘的是自己理想的园田。

生：如果说陶渊明的《归园田居》是一幅水墨画的话，那么《过故人庄》就是有一定色彩的、传统的、给人以美感的画卷，通过颜色和意象表达出他想给人的美感和对自然生活的一种向往。

师：有一颗诗心的孩子才会有一双发现诗的眼睛，中国的绘画从红绿山水到水墨山水，墨分五彩，这个孩子发现了。所以在田园诗的地位上孟不如陶，是定论。继续看一下王维吧，诗佛，曾经官至右丞相，也曾到过边塞，也曾经归隐山林。曾经有人说他的诗是字字入禅，你读出什么了？

生：我认为王维这首诗，他写的是山中花开花凋却无人赏，字里行间透露出一种淡淡的忧伤。我们都说王维的诗有一种禅境，但是真正的禅境是超脱世俗、摆脱一切烦恼的，而王维这首诗却写出了那种伤感，说明了他还是为世俗所羁绊。但是陶渊明这首诗完全是一种禅境、超脱自然。所以我认为王维也是不像陶渊明那样是一位真正的田园山水诗人。

师：深刻得无以复加！王维虽然号诗佛，虽然他隐居，虽然他字字入禅，但是他对生命的关照毕竟有了太多的伤感。"山中发红萼"，如此火红的生命，引发的是浓烈的情感；"纷纷开且落"，花开了，无人知，花落无人赏，这是羁绊，这是情怀，这是世俗的向往。虽然他说他想得很开，但是你们洞悉了一切。《红楼梦》中妙玉带发修行，宝玉到她家去做客，本来她是槛外人、出家人，她却用自己的杯子给宝玉奉茶，这又怎样的看破红尘呢？云空未必空。真正心冷似铁的是四丫头惜春，面冷心更冷，因为她看破看透的是三个姐姐的命运，"勘破三春景不长，缁衣顿改昔年妆"。回到诗中，曾经的岁月和现在的岁月，陶潜说是有分水岭的，他说从此归去来兮，从此"开荒南野际，守拙归园田"。

守拙守的是怎样的一份拙？"拙"翻译出来是笨拙、粗糙、原始、原生，请带着这个问题思考。回到陶渊明的时代东晋。在这个时代诞生了中国古代所谓的第一个大才子曹子建，有成语说他"才占八斗"。还有潘安，这个时代的潘安是美男子的代名词，潘安一上街肯定会被"掷果盈车"，因为他长得太美了，这个时代太崇尚美了。王羲之的一个儿子王凝之想念自己的朋友戴安，在下着大雪的夜晚坐舟前往，当他赶到了举起手来想要敲门的时候却放下了手，因为此时他不想了，转身驾舟又回去了。这叫任性，真正的任情任性。这是一个辞藻华丽、拼颜值的时代。知道左思吗，孩子们？

生：洛阳纸贵。写过一本书《三都赋》，这本书太出名了，大家都去买纸来抄这本书，以至于纸都卖没了。

师：左思长得特别丑，丑到去街上会被围观，会被大声喊骂"长得真丑"。你可以使洛阳纸贵，但你出了门还得看颜值。陶渊明就生活在这样一个拼才华、拼颜值、拼辞藻的时代。你懂得了吗？你懂得了陶渊明的守拙归园田了吗？你懂得当时的钟嵘为什么把绝品的陶渊明放在中品了吗？他和那个时代太不一样了，他太需要坚守了，这需要一种强大的精神力量。同学们再来看看，就算是写一个人的肖像，《世说新语》里都是怎么写的：

生：时人目王右军，飘若游龙，矫若惊龙。

师：人物肖像都夸张到什么程度了！你见过这样的人吗？陶渊明却说"榆柳荫后檐，桃李罗堂前""狗吠深巷中，鸡鸣桑树颠"，多么的不同啊！再看看著名的嵇康，他死的时候两千太学生为他送行，如何写嵇康？请同学起来读一下。

生：嵇叔夜之为人也，岩岩若孤松之独立；其醉也，傀俄若玉山之将崩。

师：好。这个人站着如山岩上的孤松，他醉了的时候像一座要倒的山，山还是玉山，唯美死了。再看王楷，病得不行了，气息奄奄了，一个朋友去看他，他转过头来看着，这个时候的他是——

生：双眸闪闪若岩下电。

师：这就是那个时代。那么陶渊明坚守的是什么？他坚守的是真、淳、朴、诗意、自由和美。千百年后，我们读陶渊明，仍然能感受到那份新鲜，那份鲜妍，那份温暖，那份缱绻。好，接下来全班齐读本诗的前两句。

生：少无适俗韵，性本爱丘山。误落尘网中，一去三十年。

师：他为官做官、做官辞官，总共只有十三年，时间上有错觉。抬头看黑板，"五入五出"，什么意思？

生：五次做官五次辞官。

师：这就是传统文化的密码，这就是中国传统诗歌的芝麻开门。"入"便是那入世，"出"便是那潇洒的出世。宗白华说，在中国政治史上最混乱、社会最苦痛的时代，怀着永世的乡愁，陶渊明归来了，于是题目叫——

生：归园田居。

师：归园田居，那是归来，那是回归，于是中国士大夫的生命场有了朝堂、庙堂，和朝堂庙堂相对的是江湖。谁提出的江湖？是庄子，庄子这么说："与其相濡以沫，不如相忘于江湖。"是的，在浩淼辽阔的江湖当中让我们相忘吧，彼此忘记也好，彼此记住也好，不重要，让我们的心灵舒展，冲淡平和，于是有了田园让我们安顿。大家一起看PPT，这么多的人评价陶渊明。谁喜欢元好问？我说上句你们一定能说出下句，问世间情为何物——

生：直教人生死相许。

师：没有"人"。"直教生死相许"，写的是大雁的爱情，后来几百年过去了，成为了《神雕侠侣》的贯穿词。元好问大才子怎么说陶渊明的呀？其实这个说法和在座的同学们的观点是多么的相同。全班齐读——

生：一语天然万古新，豪华落尽见真淳。

师：那份新，那份真淳，大家回味回味。南宋还有一个爱国主义诗人他叫辛弃疾，他特别喜欢用典，他的词几乎句句用典。我以为，我偏狭地以为他不会喜欢陶渊明的诗的，但是他爱不释手，他对陶诗如何评价？全班齐读——

生：千载下，百篇存，更无一字不清真。

师：那份清真，那份质朴，那份真实，那份真诚。我们对生命能报以真诚吗？我们对文学能报以真诚吗？如果能，我们就能接近陶渊明。还有袁行霈是当代著名的诗词鉴赏家，他又是怎么评价陶渊明的呢？男孩子们读上联，女孩子们读下联。

生（男）：质而绮，真且醇，自可传之千古。

生（女）：樽中酒，篱下菊，岂甘乎此一生。

师：好的。孩子们能不能给陶渊明写一段话？哪怕一句话也可以。一分钟准备时间。

生：于平和中达情，于平淡中达质。

师：这种工整的对句，太棒了！

生：质本洁来还洁去，经天纬地大诗篇。

师：还有比这更棒的吗？林黛玉可是大才女，是诗魂呐，她的《葬花词》都被仿了！

生：纵浪于世俗，守拙于田园。

师：纵浪大化中，这就是陶渊明的写照啊！太精彩了！三十年后，再有人讲陶渊明的《归园田居》的时候，将用我们孩子的话。还有没有哪位同学再来读一下？

生：一身诗意归园田，万古人间唯陶潜。

师：哎呀，送给林徽因的挽联也被你"盗"来了，"一身诗意千寻瀑，万古人间四月天"，稍作改动，一字千金。时间关系我们的练笔就到这里，孩子们太棒了。再看大屏幕，这是当代研究古典诗词最棒的一个大学者叶嘉莹先生，她是如何评价陶渊明的呢？全班起立齐读。

生：一般的人不是追求名，就是追求利，而陶渊明能够超脱名利的缰索，在精神上得到解放和自由。可是我们要知道，他这种精神上的自由和超脱是经过一段矛盾、一段挣扎以后才得到的。

师：好，我们的课就到这里，谢谢孩子们！谢谢大家！再见！

附教后反思

在问答中教学相长

接到鹤岗一中的邀请，上一节课。按教学进度，应该讲陶渊明的《归园田居》。陶诗"一语天然万古新，豪华落尽见真淳"。赤子之音，天籁之声。"浅"文"深"教这是最大原则，可是原则之下的解读、操作、呈现则是一个大课题。

首先，教要有问题意识。不可不蔓不枝，不能太旁逸斜出，不宜芜杂，要一线串珠，用简约的设计，引发学生深入思考，有共鸣、有表达、有收获。以简驭繁、以少总多、以浅贯深，既要贯通，又要圆融。

再三推敲，在引导学生整体感知整首诗后，问：《诗品》二十四品当中，钟嵘把陶渊明的诗列为中品，你同意他的观点吗？

问题要"曲"。学生回答这个问题势必联系当时的时代、作者的生平、陶诗的审美风范、陶潜的追求，以及园田的意义、写法等方方面面的问题，并且自觉不自觉地要和同时代以及不同时代的诗人进行比较，视野是大的，视角是多元的。

在语文阅读教学，尤其是诗歌教学上，向来有一个关于"读"的粗浅的认识，认为只有朗读才是读，而朗读往往是浅阅读，深入阅读在很多时候是在问题的驱动下的那份深沉与沉潜。

在主问题的引领下，学生对《归园田居》有了一个属于每个人自己的体识，比如：发现了田园的美，绚烂至极归于素朴，质而绮，真且醇，有了相对深刻的阅读。

其次，对于学生的课堂发言，教师应学会倾听、捕捉有价值的信息，促成新的生成，温故知新，实现师生的共同成长，教师要有强烈的课程意识。

再次，课堂教学不仅要打通，更应圆融，教师、学生、文本、语文知识、语文技能……不可割裂，不可隔，圆融浑然，才是一节好课的品格。

教学的艺术，唯有努力为之，不断求索。因为是艺术便有缺憾与不足，深入的境界永远是"虽不能至，心向往之"。

《子衿》教学实录及悟课

师：同学们，今天我们学习《诗经·郑风》中的一首诗，题目叫"子衿"。谁可以读一下？

（一女生读。）

师：字正腔圆，但有几个字需要正音。"子宁（nìng）不嗣（yí）"，什么时候读 nìng？副词，宁可、宁愿。什么时候读 níng？安宁。"挑（tiāo）兮达（tà）兮，在城阙（què）兮。"其他都不错。

师：同学们，想一想，"子衿"的"衿"字是"衣"部还是"衤"部？

生："衣"部。

师：衿是"衣"部，和什么有关系？

生：衣服。

师：这个词的意思是"衣领"。"青青子佩"，作个选择题：中国古代的君子是喜欢佩玉还是喜欢戴金呢？

生：佩玉。

师：回答正确。我们的民族是一个尚玉的民族。君子一日，玉不离身。红楼有三玉：黛玉、宝玉、妙玉……

师：同学们看屏幕。"子宁不嗣音"，"嗣"是个通假字，通的是哪个字？

生：贻。

师：观察一下"贻"字，它是什么偏旁？

生："贝"字旁。

师：意思是赠送，和利益有关系的"贝"字旁。最古老的钱币是贝币。读读最后一个词。

生：城阙。

师：咱们填填诗词的上下句。城阙辅三秦，下句是什么？

生：风烟望五津。

师：何为"城阙"？

生：高高的城楼。

【蓝湘萍悟课】著名教育家叶圣陶先生在《精读指导举隅》前言中说：在指导以前，要考查学生预习情况，从通读全文，认识生字生词等方面着手。看来，摸清学情，是为理解"文"（文本）打下基础。而"文"与"言"（语言）是紧密相连的关系，能不能处理好"文"与"言"的关系，决定了能不能体现出文本应有的丰富内涵。董老师用她精湛的教学艺术，引领学生穿行在学"文"之中，同时带动了习"言"。先从整体把握"文"，指名通读课文，熟知学生在预习环节中出现的漏洞，再从字音、字形、词义方面帮助扫清语言上的障碍，解决学生学习古诗文"不求甚解"的问题，为引领孩子们的后续顺读打下了基础。

【张贺悟课】《子衿》是统编版教材课外古诗词诵读中的篇目，出自我国文学史上最早的诗歌总集《诗经》。而《诗经》中的精华部分是对爱情等美好事物的描写，一菲老师深谙此道，选取其最灿烂的部分引起学生的阅读兴趣，并保证学生能快速融入诗中，进入课堂。汉字，是形声义三位一体的文字。并且汉字大部分是形声字，"偏旁"由形旁和声旁组成。一菲老师从汉字的构成出发，从中国的文化出发，力图让学生更加明白语文学科的核心素养"语言的建构与运用、思维的发展与提升、审美的鉴赏与创造、文化的传承与理解"这几个方面，使语文课堂呈现出语文思维、审美、文化的交织与碰撞。

【孙玉桃悟课】文字、文学、文化，是语文教学的三个层次。读懂古诗的字、词、句的表层结构（意义），这是读诗的入门；读懂诗歌中字、词、句所具有的文学的审美价值，这是读诗的内层结构，是读诗的关键；读懂诗中蕴含着的中华民族传统文化的精髓，这是读诗的深层结构，读出了诗的灵魂。一菲老师在"子衿""子佩""嗣音""城阙"四个重难点词的教学过程中，从字的偏旁结构入手，引领学生从汉字造字法的角度，读懂"衣"部、"贝"部偏旁；从"城阙辅三秦"的诗句中，教会学生用已学的诗句来解释诗句，以诗解诗；从"青青子佩"的教学中，揭示中华民族是一个尚玉的民族，"君子一日，玉不离身"，玉是我们民族独特的文化符号。字词教学是起点，一菲老师将起点定在高处：不仅教文字，还教文学，教文化。

【仲小燕悟课】《诗经》珠连缀玉，跨越千年，是中国传统文化的一个重要窗口。一菲老师带领学生通过这个窗口不仅学习文字，还有文章，乃至文化，牢牢抓住诗歌的"点"——精心提炼出的关键字词"衿""佩""城阙"等，理解字词含义，辐射到"面"，了解它们所蕴含的丰富文化内涵。写衣领，矜持有深意；写佩玉，有无尽的爱慕与赞美；写城阙，有守望的痴情，"阙"，暗示无望与残缺。这样的整体感知超越了普通的阅读教学模式，帮助学生快速把握诗歌的感情，唤醒语感和情感。"以点带面"的教学方法，引导学生从"文字"深入到"文化"层面，一首"小诗篇"读出了"大文章"，不仅有味，而且高效。

师：（音乐起）有人说，《子衿》是一场风花雪月的优雅的思念，孩子们静静听这支歌，如果让你为思念添个修饰语，你会添什么呢？

（生在唯美、空灵的音乐《子衿》中静静思考。）

生：痴迷的思念。

师：情深者为痴。情深智浅，此时一定是情深了。开辟鸿蒙，谁为情种？

生：我觉得是一种无可奈何的思念。

师：四字短语，无可奈何。奈何天，伤怀日，寂寥时。

生：我觉得这是一场孤独的思念。

师：孤独。天地间的一份孤独，念天地之悠悠的孤独。

生：我觉得这是一场惆怅的思念。

师：惆怅的思念，使我想起了纳兰性德——我是人间惆怅客。

生：我觉得这是一场望穿秋水的思念。

师：好一个"望穿秋水的思念"，这里有太多的明净，太多的纯洁。于是，《诗经》跨越了两三千年，至今叩击着我们的心扉，敲打着我们青春的岁月。

生：这是一场跌宕起伏的思念。

师：跌宕起伏的思念。这位同学的语感真好！他将抽象的思念赋予了节奏，那是一种平平仄仄、曲曲折折、美丽的思念。真会读诗。

生：这是一场缠绵的思念。

师："缠绵"是什么旁？

生：绞丝旁。

师：是春蚕的吐丝，是"剪不断，理还乱"的丝，真美！同学们会读书，能感悟，善表达。

【张贺悟课】《诗经》常用复沓的手法来反复咏叹，一首诗中的各章往往只有几个字不同，表现了极致的民歌的特色。而一菲老师，选取用音乐的方式来再现这种回环往复，可以说是不再拘泥于简单的配乐，而是营造了浓厚的《诗经》氛围。

【龙潇悟课】这是一段相当精彩的师生之间的"高水平"对话，是这节课上配合背景音乐的"笛箫合奏"，整个课堂的诗意之花在生长、在绽放。

【蓝湘萍悟课】诗是抒情言志的，只有灵感突现、激情奔涌才会笔尖流诗，因而，诗人多为感情丰富之人。那么读诗之人，教诗之人也理应如此。而董老师同样是一个颇具诗人气质和才情的人。她教学的是诗，其实，她口中表达的也是一句句诗，她把自己融入在诗中，把作者的情感、诗中的情感和自己的感悟都融为了一体。在师生互动、生生互动环节中，用诗的语言创设情境穿行在细读文本、精读文本的过程中，激励学生的情感，让他们紧随课堂的步伐，做到阅读不断，思考不停，实现深度读文的动态生成，促成读者与文本完美相融，取得了最佳的教学效果。

【仲小燕悟课】何为"入情入境"？且看此时的学生，耳朵听着古韵悠长的《子衿》之歌，眼睛看着、心中读着《子衿》的诗篇，脑海里还在思考着：这是一场怎样的思念？教师慧心独具，极力让学生"浸泡"在"青青子衿"的氛围之中。师生问答，诗意至极，学生在思考、品味、概括的过程中，已不知不觉地深化了对这首诗的理解，品悟到了诗中女孩热烈浪漫又温婉含蓄的思慕与渴求。

【孙玉桃悟课】如何让学生快速地深刻地理解诗歌的情感，一菲老师作了精彩的示范。学生很难在短时间内用高度概括的词语来表达自己对诗歌情感的理解，一菲老师给出《子衿》是一场优雅的思念这个学习支架，让学生为思念添加修饰语。于是，学生很容易地打开了情感的阀门：痴迷的思念、无可奈何的思念、孤独的思念、惆怅的思念、望穿秋水的思念、跌宕起伏的思念、缠绵的思念……学生们不仅读懂了诗歌，解诗的语言串起来，本身就是一首诗。

师：诗的开篇第一句是？

生：（齐读）青青子衿。

师：周代最高的学府叫"太学"。子衿，太学生的学生服衣领，"青青"是什么颜色？

（生沉默。）

师：同学们听听这句诗的"青青"是什么颜色。青青河畔草。

生：绿色。

师：堪比那湛湛青天，天是什么颜色？

生：蓝色。

师：同学们学过朱自清先生的《背影》，体会过那份亲情，那份父爱。父亲穿着深青色布棉袍，"青"应该是什么颜色？

生：深绿色。

生：我觉得是灰色。

生：我认为这件棉袍是深蓝色的。

师：我认为它是黑色的。有人说，举觞白眼望青天。另有人说，老师对我青眼相加。老师的眼睛是什么颜色？或者说，我们的眼睛，炎黄子孙的眼睛是什么颜色的？

生：黑色的。

师：是的，这么多颜色。"青"是中国的色彩密码，是原色中的调色板。很多诗人写诗，擅长用色彩，最擅长用色彩的诗人是中唐的诗人李贺，他写过这样一首诗，我们一起背。黑云压城——

生：城欲摧。

师：甲光向日——

生：金鳞开。

师：这两句诗有哪两个主色调？

生：黑和金。

【龙潇悟课】苏轼曾说："味摩诘之诗，诗中有画；观摩诘之画，画中有诗。"显然，苏轼发现文学与绘画是可以相通的。一菲老师在此处特别引导学生关注了诗歌中的颜色，引导学生体会文学与绘画的相通、相融、相济之处。

【仲小燕悟课】整首诗歌最值得研读的，最具有文化意象的，就是"青"字了。"青"在古汉语中使用频率非常高，是一个很特殊的颜色，语境不同，表示的实际颜色也大不相同。有了这样的理解，才会有一个又一个课堂活动去落实"青"的意义，巧妙地把"金针"度与学生。学生学到的不仅仅是文字与语言，更是一种拓展延伸的能力。同时，也为课堂后面出示西方画家根据诗歌创作的画作《春》埋下伏笔，整个板块的设计充满智慧却又不露声色。原来，越是不露痕迹的教学，情感的后劲儿就越足，效果就越好。

【张贺悟课】一菲老师的课可谓是"超级豪华的营养餐"，活用了朱自清的《背影》、李贺的《雁门太守行》，它们都源于教材，现如今又反哺于教材，这是高超的旁征博引。

【蓝湘萍悟课】一菲老师由浅入深，举一反三，赋予"青"鲜活的生命张力，丰富"青"的诗意内涵。她用饱满的才情点燃学生智慧的火花，培植学生的核心素养。

【孙玉桃悟课】一菲老师举例"青青河畔草""湛湛青天""深青色布棉袍""青眼相加"……引领学生通过文学语言和生活语言感悟汉字"青"所具有的丰富文化内涵："青"是原色中的调色板，是中国的色彩密码。由文字到文化，在一菲老师的语文教学中总是这么自然地铺染开来。一个汉字，就是一部文化史。没有深厚的文化底蕴和极高的审美素养，是无法引领学生这样深刻地理解中国汉字的。一菲老师的课堂，如行云流水。

师：黑色和金色，太奇异了。这样的配色，是李贺式的诗鬼的配色，他用色彩表达自己心中的情感。回到这首《子衿》上来。"青青子衿，悠悠我心"，看大屏幕，谁能读上面横框里的话？

生：青，东方春位，其色青也。（王逸）

师：作者王逸，汉代人。他是个大学者。他写的这句话，谁愿意给大家翻译一下？

生：青，这个颜色，是东方春天的颜色。

师：下一句该怎么说？

生：这个颜色是绿的。

师：省略了春天该怎么样？（其色青也）如果用一个颜色来写春天，它的颜色就是什么？

生：青。

师：是用"青"来写春天的颜色，是不是这个意思？

生：是。

师：自古以来，天地四方。"青"代表东南西北的哪个方位？

生：东边的方位。

师：一年有四季。"青"代表哪个季节？

生：春季。

师：关于"青"，《子衿》当中是这样开篇的——

生：（齐读）青青子衿。

师：同学们，我们的古人太优雅了，我们的汉语太精致了。如果我不走寻常路，给"青"加上修饰语，会怎样？

生：豆青、梅子青、粉青、雨过天青。

师：你发现这些词语从性质上来说，都是什么词呀？

生：这些都属于名词。

师：有人说最大的形容词是名词。记得林徽因有一句诗"你是人间的四月天"，"四月天"，她用来指一个人朝气蓬勃，充满了春天的气息。她不用形容词，而是说"你是人间的四月天"。再听听余光中先生的这句"今晚的天空很希腊"，句子中的哪个词用得很特别？

生：希腊。

师：希腊是自由浪漫的、诗意的，是吧？我们中国汉语的包容性太强了。来，一起读。

生：豆青、梅子青、粉青、雨过天青。

师：（看幻灯片）中间有个宋代的瓷器，瓷身是青色。宋瓷是我们民族的骄傲，它晶莹剔透的特点，集中代表了中华民族的那份诗性与优雅。它叫什么名呢？

生：（齐答）雨过天青。

师：什么叫雨过天青？

生：好像是下过了一阵雨，天空就像洗过了一样。

生：是蔚蓝。

师：这是你们的理解，可能是白和蓝，也有可能是有更多的颜色。雨过天青这个瓷器在台北博物院展出，展现的是含蓄的、淡雅的纯净之美。关于青色，它可以是黑色，但又不是一般的黑色。如果它是黑色，要具备什么条件？

生：有光泽。

师：应该说是黑中带亮。接下来，我们一起看，一起读。

（音乐响起，生齐读。）

生：青青子衿，悠悠我心。纵我不往，子宁不嗣音？青青子佩，悠悠我思。纵我不往，子宁不来？挑兮达兮，在城阙兮。一日不见，如三月兮。

师：《诗经》中的《子衿》选自十五国风中的哪一个呢？

生：郑风。

师：《诗经·郑风》中有许多爱情诗。来看其中的一首《将仲子》。诗文中"将"是一个音，都读"qiāng"。"将仲子"，好奇怪的题目。"仲"，排行第几？

生：第二。

师：伯仲叔季。求求你呀，爱哥哥。我发音准不准？

生：二哥哥。

师：你发音很准，但是这样会很无趣。大观园中的史湘云追着贾宝玉叫——

生：爱哥哥。

师：你太解风情了！史湘云是南方人不会发翘舌音，她专门把"二"读成"爱"。真好，真俏皮！

师：为什么叫"将仲子"？为什么不叫"将伯子"？"将伯子"是不是有一种大哥哥的严肃？

师：我希望是一个女孩子来读，因为这是一首抒发女主人公感情的诗。

（生读，师正音，同时翻译。）

师：《诗经·郑风》当中的《狡童》，谁来读一读？

生：彼狡童兮，不与我言兮。维子之故，使我不能餐兮。

师：（译）那个小坏蛋，最近不跟我说话，你不理我，就因为你的缘故，我饭都吃不好了！

（生笑。）

师：那个时代的爱情是这样的多姿又多彩。

师：任选一道题，同学们。第一个问题，三首诗中的女子性格有什么不同？另外一道题，三位男子又是怎样的三个形象？

【蓝湘萍悟课】选入教材的诗词，均是文质兼美的经典之作，赋予少年生命成长的链接。这好比是远处的灯塔，教师就成了点灯人，由近及远，照耀儿童的心灵。把对文本的认真研读，转化成学生的解读过程，促进课堂的生成。董老师解读《子衿》，将《子衿》与《诗经·郑风》中的《将仲子》《狡童》比较阅读，通过智慧引领，让学生区分男、女主人公性格的异同，感悟古诗文化中的相思与恋爱。那么，思辨能力的有效培养也就水到渠成。

生：我选第一个问题。第一个女孩子是十分内向的，性格不是很开朗。第二位显得十分优雅，有一种女性的温柔。

师：我求你了，你别没事穿过我们家的树园子，你别把我们家的树弄坏了。哪里舍不得我家的树啊，我是怕别人该说我们的闲话了。多么优雅？

生：她十分调皮。

师：没关系，你可以表达你的想法。第三位《狡童》里的女孩子呢？

生：这位十分调皮。

师：在那个男尊女卑的时代，她竟然给自己的小男友取了个外号叫"狡童"。还用了一个"彼"，表示一种不亲切；不用"此"，它表示一种距离上的亲近。

生：《子衿》里的男子是风度翩翩的。

师：你居然能看出《子衿》里的男子风度翩翩，有一双慧眼，你怎么看出来的？

生：青青子衿。

师：在周朝的时代，凤毛麟角的太学生，比今天的天之骄子还要加倍稀有，他怎能不是一个优雅的学霸呢？请继续说。

生：无逾我园，无折我树檀。《将仲子》里的男子是比较外向的。

师：他飞檐走壁，穿越一个花园，为了爱勇往直前，在他的心里是没有礼法的。

生：《狡童》里的男子是调皮的。

师：他所做的事情是近日对抒情女主人公爱答不理，所有的海誓山盟，爱你到天涯海角，到地老天荒，说过就忘了，他是一个什么样的人？

生：多情。

师：多情反被无情恼。

生：我选的是第一个问题。第一个女子内向，内敛。第二个女子比较害羞。

师：岂敢爱之？畏人之多言。

生：《狡童》中的女子比较泼辣。

师：泼辣。那个时代，乡野之气，带着平原的长风，自然生长的女子，可以担当泼辣。

【龙潇悟课】"任选一道题，同学们。"多好的沟通方式！完全没有强制性的语气，取而代之的是有温度的关怀。一菲老师在这里给了学生充分的选择自主权，在缓解学生在公开课场合可能出现的紧张的同时，围绕男子和女子两个角度展开设问。

【仲小燕悟课】补充阅读《诗经·郑风》中的《将仲子》《狡童》，概括人物的共性，比较三首诗篇中女子的性格、男子的形象，完成对人物形象的分析品味。学生任选一个方面回答，开放性提问让学生自主思考，改变了传统课堂教学中被动学习的状态。在这样的课堂里，我们看到了学生思绪的自由驰骋，看到了他们入情入理地各抒己见，看到了教师的适时"引渡"，就将三首诗的精彩之处烘托得令人称赞。

【孙玉桃悟课】将《诗经·郑风》的三首爱情诗歌《子衿》《将仲子》《狡童》，从男女主人公性格的角度进行横向对比。为了削减学生因对课外诗歌生疏和字词不理解而产生的困扰，一菲老师让学生朗读，自己予以翻译。灵活而富有新意的教学方法，不仅让学生避开字词困扰，直奔诗中主人公形象的理解，同时也让学生体会到师生共同读译的乐趣，教室里欢乐的笑声响起来，空气中流动着轻松和愉悦。接下来同学们对诗歌形象的理解和比较鉴赏就水到渠成：《子衿》中女子的内向温柔，男子风度翩翩；《将仲子》中女子比较害羞，男子为了爱情不顾礼法；《狡童》中的女子多情反被无情恼。优秀的老师总是适时机地给学生提供学习的支架，让学生跨过知识的桥梁，从此岸走向彼岸，获得更好的成长。

师：这是意大利的一位叫波提切利的画家的作品《春》，看他如何表现春。中间是爱神维纳斯，背景是维纳斯的花园。左侧是美慧三女神，右侧是春神、花神、风神。上面飞舞的是小爱神丘比特，爱神之箭有两种：一种是金箭，射中了的人会不可救药地爱上一个人；还有一种是青箭，假如你被射中，将不可救药地回绝一个人。

师：请看《子衿》，如果你是画家，以《子衿》为例要作一幅画，你的这幅画的名字叫什么？

生：春。

师：也叫"春"，好无创意啊！

生：思。

师：太直接了，能不能间接一点？

生：青。

师：青，还记不记得"说文解字"里怎么解释的？青，东方春位也。

【仲小燕悟课】古诗中的情感是最抽象的，看不见，摸不着，只可意会，不可言传。如何才能让学生清清楚楚明明白白地体会到呢？古往今来，诗画一体。一菲老师从最直观的画面入手，借助画面，深化情感，以欣赏西方画家波提切利根据诗歌创作的画作《春》来开启学生的审美，与课堂前面的"青，东方春位，其色青也"遥相呼应。

师：如果你是画家，画一幅画表现春天，我们不必学画家波提切利，据说他画了一百七十多个品种、五百多朵花，写实的时代啊！依我们中国人的思维，好像不需要这样。我们要画一幅画，这幅画的名字叫"青"，这幅画只要画一位女子就可以了。这位女主人公需要像爱神、春神、花神、风神等一样穿着透明的薄纱吗？

生：不需要。

师：如果需要画这幅画，她的衣服你想选择什么样的颜色？

生：青色。

师：青色是个多元色，你说的青色是哪一种啊？

生：绿色。

师：绿色，春天的颜色。

生：素白。

师：白色代表纯洁，你和张爱玲一样的有才气，一样会用颜色来描绘。张爱玲的短篇小说《爱》——春天，桃树下，穿着月白衫的女子见到他命定的男子，他们也没有什么话可说，只有轻轻地问一声："噢，你也在这里吗？"中国式的爱情。

生：淡蓝色。我觉得淡蓝色是一种纯明、透彻的颜色。

师：她不仅在说颜色，还在说光泽，有感觉！

生：我觉得应该是粉色，粉色可以表达很多的情绪。

师：少女的情怀，公主的情结，粉嫩的颜色。

生：青黄色。

师：一年好景君须记，最是橙黄橘绿时。他想到橙黄橘绿，有水平！

师：我们再看波提切利这幅画，表达青春，表达觉醒，表达爱情，表达蓬勃的希望，表达美好，表达自由，表达舒展，用了如此之多的神来助阵，如此之多的花在盛放。最左边的少年是宙斯的神使赫尔墨斯。

【仲小燕悟课】课堂上，我们是不是该像一菲老师一样更多地关注学生学到了什么，得到了怎样的提高呢？如何"让学生有较高的写作能力"呢？除了文质兼美的课文引领以外，教师的语言也起着至关重要的作用。一菲老师用鼓励性的语言、诗意化的语言解读学生回答的各种颜色，通过追问让学生的回答更加具体。可以说，教师的语言素质直接影响、提高了学生的语言能力。

师：一幅画要有背景，如果你给一幅叫作"青"的画画背景，你要添加什么样的背景？

生：我认为要添加一棵树，旁边还要有一条河，然后底下要有一片草原。因为草原、河流和树都代表生命，都是春。

师：河流，柔情似水；草，记得绿罗裙，处处怜芳草。

生：我觉得可以加月亮、树，还有河。当时月光照下来的时候，照在河里，然后树也被照进去了，有一种孤寂的美感。

师：注意了光与影。"光与影有着和谐的旋律，如梵婀玲上奏着的名曲。"

生：我觉得可以加飘着白云的天空，因为天空可以让女主人公进行无尽的畅想，也可以怀念她的恋人。

师：如云一般的思念，如月光一般的美丽。这都是中国传统诗歌的文化符号，你懂得！

生：我觉得背景应该是一个女主人公倚靠在一棵树下，骑着一匹马，马停下来，月光照在草地上，草地上有花，她拿着花在那里择花瓣，想她的情人为什么没有到。（众笑）

【张贺悟课】一菲老师的课堂不仅做到了博古通今，更做到了贯穿中西。没有人是一座孤岛。每一本书都是一个世界。同样，没有一节课堂、一个篇目是孤立的，它们可以跨越时空。这样的课堂才饱满，学生才更加通透。

【仲小燕悟课】我想，这就是新课标提出的"审美情趣"吧！在教师丰富的语言引领下，学生"跳一跳"就能"够得着"，从颜色到光泽再到背景，画面逐渐丰满，最终用语言呈现出来的配画清爽奇丽，余韵悠长。此环节既有语言训练，又有审美熏陶，两者相得益彰，精彩纷呈。从教师与学生、学生与学生、学生与文本之间的诸多共鸣可以看出，诗意之美已传递到了学生心中。这个美的传递让课堂变得大气且极富内涵。

师：这很显然是一个中西合璧的女子，她是一个文化混血的产物。绝不是真正的遥远的那个时代的汉民族的女子，也许是一个马背民族的女子。这种性格中有一种豪放，这种豪放使得这个女子的生命更具魅力。就像《红楼梦》中，史湘云一定有一个经典的情节——醉卧芍药茵，史湘云的美，魏晋的风骨尽在其中，为什么不可以呢？

师：有一幅名字叫"青"的画来自两三千年前，女主人的衣衫或明或暗，或冷或暖。中国式的女子，她有了不同的背景，你还想再添加吗？

生：我觉得背景可以设在葡萄架下，因为古诗里面葡萄架下是男女约会的地方，可以表现她在等待恋人时的急切。

师：这个故事于是发生了位移，在历史的长河中，从诗经时代转移到了汉武帝以后。葡萄，是汉武大帝征西域才引进的一种植物，你明清小说读多了，孩子，祝贺你！很中国，很典雅，但是它不属于《诗经》的时代。

师：请全班同学齐读最后一个章节。

生：挑兮达兮，在城阙兮。一日不见，如三月兮。

师：你知道要加上什么东西了吗？

生：城楼。

【仲小燕悟课】此处印象极为深刻，一名学生说以葡萄架为背景，一菲老师明确指出葡萄是汉朝时期西域传来我们国家的，与《诗经》的时代不符。此时引导学生再读诗歌，学生立刻由"在城阙兮"受到启发，将画作背景更换为高高的城墙，教师的功力与主导作用显得尤其重要。

【蓝湘萍悟课】一菲老师以外国画家波提切利的《春》这一画作为切入点，介绍说明画中的内容及背景，启迪孩子们的思维，助力他们展开想象的翅膀，踊跃、大胆地说出各自内心中最欣赏的《子衿》之画。这种成功潜移的有效指导，进一步拉近了文本与读者的距离，深化了理解，为古代文学作品中爱情故事的浪漫色彩增添了明丽温暖、清新活泼的一笔。一菲老师给孩子适时的评价，机智、变通，有肯定，有点拨，有褒奖。指引联想，眉目传情，掌舵课堂，如鱼得水。足可见她扎实的教学功底。

【孙玉桃悟课】跨民族的审美比较。一菲老师引导学生比较诗歌与绘画两种不同的媒介对"春"的主题的表达：画家波提切利借用爱神、春神、花神、风神、赫尔墨斯等众位神使，用透明的薄纱，用一百七十多种共五百多朵花来表现春，呈现的是西方的复繁的华丽的写实的审美倾向；与此相对的是，课堂上孩子们选用绿、素白、淡蓝、粉、青黄来做衣服的颜色，用树、草、河流、月亮来做背景，当学生把"城阙"画进背景的时候，其实是用自己的生命去真正地理解了《诗经》时代的爱情。他们把中国古代文化中属于我们民族的简约、含蓄、写意等审美元素，画进了生命。

师：为什么说一位女子爱情的守候是在城阙之上？我说它是最中国的符号之一，你同意吗？

生：同意，因为她可以在城楼上看她的恋人。

师：是登高以望远，远望以当归；无言独上西楼，月如钩。楼用来干什么的？用来眺望，用来思念的。我们中国是一个墙文化的国家，城楼，是我国墙文化的标志。孩子们说得特别的好，特别有想象力。

师：这是俄国的茨维塔耶娃的一首诗的节选，来，这位女孩子读一下。

生：（较平和）我要从所有的时代，／从所有的黑夜那里，／从所有金色的旗帜下，／从所有的宝剑下夺回你，／……我要决一雌雄把你带走——你要屏住呼吸！

师：看看来自俄罗斯大地的女子，她们面对爱情和《子衿》抒情女主人公完全不同，让我们读出其中的霸气。

生：（较激动）我要从所有的时代，／从所有的黑夜那里，／从所有金色的旗帜下，／从所有的宝剑下夺回你，／……我要决一雌雄把你带走——你要屏住呼吸！

师：所有的事都由我来做，你只做一件什么事？

生：屏住呼吸。

【孙玉桃悟课】东西方情感表达方式的差异。俄罗斯大地的女子面对爱情的热烈和霸气与《子衿》中抒情女主人公面对爱情的态度有巨大的差异,这背后是东西方情感表达方式的差异。一菲老师引领学生们站在民族地域文化差异的高度,读懂了相同的情感不同民族的表达。读懂了民族,也读懂了世界。这一堂课,短短几十分钟,容量之大,视野之阔,文化内涵之丰,审美熏染之深,令人叹为观止!

【仲小燕悟课】一菲老师引导学生着眼古代与现代、东方与西方,比较文化背景的差异,比较对爱情的不同表达。巩固、比较、导读,多管齐下,将课堂内容大大扩容,引领学生一步一步走向深广。值得注意的是,一菲老师为学生补充的三首诗篇,无一不是原诗的一个有代表性的小片段,适当的留白,恰如其分的导读一定会吸引学生课后主动寻找、阅读原诗以及《郑风》的其他爱情诗篇,乃至整部《诗经》。一堂好的语文课最重要的是什么?它的最终目的是什么?我认为是培养学生的能力,让学生爱上阅读,善于表达,拥有一颗敏感善良的心。这个环节不仅做到了,还不断地变幻出迷人的光芒。观课至此,不觉酣畅淋漓。

【蓝湘萍悟课】董老师引领学生将《子衿》与多首诗对比,帮助孩子们厘清我国古代文学作品中男女主人公性格迥异的爱情观,提高了他们对于东、西方爱情世界里主人公的认识……这种"我思"式文本解读的逻辑基础,体现出一种思维逻辑的力量。与在场学生的思维碰撞,点燃了再创思维的火花。看得出,董老师执教《子衿》,非常了解文本,熟悉文本的文化背景。她会站在读者立场上,预测读者能读出什么,悟出什么;会从目的出发,了解为何读此文,实现学习的目标。

师:热情似火的俄罗斯女子用了绝对的命令式语气,这就是东西方的差异。"青青子衿"从两千多年前的岁月深处唱响,曹孟德在赤壁之战前夕面对滚滚的长江横槊赋诗,赋予"子衿"全新的意义,他说——

生：青青子衿，悠悠我心。但为君故，沉吟至今。

师：赤壁之战的胜利将使我成为天下的君王，"安得猛士兮守四方"，我在渴求人才。"子衿"已不是天下的男子，而是天下的雄才。孩子们，读出不同的"子衿"，来书写你的"子衿"。

生：青青子衿，悠悠我心。昔我往矣，你在哪里？

师：经典的《采薇》风，很有创意。

生：青青子衿，悠悠我心。君若海角，吾便天涯。

师：赋予海角天涯新的喻义。

生：青青子衿，悠悠我心。爱之此深，责之彼切。

师：爱之深责之切，加虚词"之"与《楚辞》有异曲同工之妙。

生：青青子衿，悠悠我心。振兴中华，倾君之力。

师：超越小女子的儿女情怀，这是有家国情怀的伟丈夫。

生：青青子衿，悠悠我心。绿林初见，乱我心去。

师：这又来到了金庸的江湖，金庸不在，江湖永存。

【龙潇悟课】钱钟书先生曾在文章《谈中国诗》中说过，说起中国诗的一般印象，意中就有外国人和外国诗在，这个立场是比较文学的。一菲老师在引导学生对比感受俄国女诗人诗歌的同时，不忘将曹孟德的《短歌行》放在一起进行比较。该做法正是从"比较文学"的立场和视角把课堂的厚度进行增加的行为。之后，她从学生仿写的字句中，提及了金庸先生，这种做法强化了比较文学的立场，更重要的是给学生传达一种向经典致敬的精神。

【仲小燕悟课】"与《楚辞》有异曲同工之妙"，多么高的赞美，一个字就能得到一菲老师的肯定，学生轻松获得成功的喜悦。于是，学生的回答从最初直接挪用《诗经·采薇》的"昔我往矣"和异常白话的"你在哪里"到最后有家国情怀、江湖精神的"振兴中华，倾君之力""绿林初见，乱我心去"，无疑是质的提升。这样的教学，给课堂增添了亮点，是开放的，是焕发着生命活力的。

【孙玉桃悟课】高潮：创造性读写。"青青子衿"是两千多年前先民唱响的爱情，曹孟德接着用"青青子衿，悠悠我心。但为君故，沉吟至今"唱响对人才的渴求。一菲老师通过给出古人续写诗歌的示范，引领学生尝试用诗的语言唱响自己的情感之歌。有了前面的审美的、文化的积淀，学生们积聚的情感如奔涌的大江，滚滚而来。即兴创作的精彩诗句此起彼伏，课堂仿佛变成了诗的海洋，每一位学生的脸上都写满诗和浪漫，《子衿》这一首古老的歌因学生们的传唱和续写焕发了新的生机。一堂课是否精彩，不仅仅看老师是否出彩，更重要的是学生能否在老师的引领下超越原有的知识和能力，超出原来的自己，展现风采。这一节课，无疑是精彩的！

师：一日不见，如三月兮。这样的声音穿越了三千年，让我们一起来吟唱。

生：(唱)青青子衿，悠悠我心。纵我不往，子宁不嗣音？青青子佩，悠悠我思。纵我不往，子宁不来？挑兮达兮，在城阙兮。一日不见，如三月兮。

师：从此我们的思念拉开了序幕，下课！

【蓝湘萍悟课】学生是学习的主人，是学习和发展的主体。董老师始终将学生放在课堂的中央，运用多种情境，调动学生的学习热情，充分发挥他们的主体作用。通过再次对比鉴赏，以读促写的教学方式，将获得的知识与学文方法潜移默化地迁移、升华，陶冶情操，提升自我，进而达到语文能力得到不断提高的良好效果。她由《郑风》中的"子衿"想到曹孟德赤壁之战的"子衿"，引领孩子们遐想现实版的"子衿"，成就了孩子们心中"子衿"之花芬芳盛开！其优雅的教学艺术将诗意盈盈的课堂推向高潮。

【仲小燕悟课】一堂课上得如此有"声"有"色"、有"情"有"意"，我们既看到了一菲老师诗意的坚守——坚守着"引导他们看到一个更远更大的语文世界"，坚守着"给学生一个悲天悯人的情怀"，又看到了她的突破，将学生从文本中解放出来，从而使个性得以扶植和张扬。课堂教学在内容的组织和呈现上亦花了不少心思：配乐、诵读、想象、比较、概括、鉴赏、写作，不同的环节，教学方法相应有所变化。课堂的诗意，袅袅浸润在每一个人的心灵深处，细细品味，余音绕梁，余情不绝。

附教后反思

如何把古典诗词课上出厚度来

古典诗歌迎来了新的黄金时代。幼儿园、小学的孩子们已或多或少接触了一定数量的诗词，或诵或读。初中与高中阶段的古典诗歌如何在课堂上呈现，这是一个值得思考的问题。如果还仅仅停留在单篇教学上，学生们自然有吃不饱的感觉。如何把古典诗词课上出厚度来就成了我们的一个新课题。教学中我们可以尝试用赋比兴的手法把古典诗歌课上出厚度来。

《子衿》是初中统编教材八年级上的课外阅读篇目，出自《诗经·郑风》。这篇课文新鲜活泼，明白晓畅。初中二年级的学生读读背背应该没有太大障碍。

语文学科的核心素养是："语言的建构与运用、思维的发展与提升、审美的鉴赏与创造、文化的传承与理解"。因此，语文课堂要呈现出语文思维、审美、文化交织碰撞的多维多元的精神对话，多姿多彩的流动的整体感发。

（1）用赋的手法，把一首诗中的关键性汉字讲出文字学的、文化学的味道来。

衿：是什么偏旁？"衣"字旁，指衣领。衣服与文化息息相关，代表了社会阶级、审美价值，代表了人的个性与修养。周代太学生的衣领，典雅矜持含蓄有深意。

佩：系玉的线带。我们是一个尚玉的民族。君子一日，玉不离身。"青青子佩"，无尽的爱慕与赞美尽在一个"佩"字中。

城阙：阙，城楼，缺也。那高高的城楼上守候着爱情的女子，她的远望、痴情注定是无望的、残缺的。

"青青"是什么颜色？在"青青河畔草"中就是绿色；在"湛湛青天中"就

是碧蓝；在朱自清《背影》"深青布棉袍"中就是藏蓝或深黑色。

　　青，是最具表现力的色彩之一。西汉的王逸对"青"有如下的阐释："青，东方春位，其色春也。"多么美好！古人为"青"加的修辞语也诗意盎然——"粉青""豆青""梅子青"，无一不带着自然之风，带着自然的天地精华、自然的风花雪月。"青"如何"粉"了？似乎是少女的红颜，是豆蔻的年华，是无尽的娇嗔。"豆青"带着豆香，带着荞麦的清新，带着泥土的芬芳，带着春回大地的勃勃生机。"梅子青"是那样青涩，犹如初恋，犹如一个少女，犹如早春的二月。"梅"，媒也，也许关于一桩婚姻。最绝妙的莫过于"雨过天青"。宋代的汝窑产的青瓷，"雨过天青云破处"已经不仅是一种简单的颜色了，它是天、是情绪、是情结、是浪漫，明亮而不刺眼。"似玉，非玉，而胜玉。"朴而绮，简素雅致，润泽臻盖，色冠群芳。

　　"青青子衿"，青青是什么颜色？色彩即时悲（列宾），在体会品味"春"的颜色的时候，就是在引导学生体会诗中更深的美和情感。

　　（2）用比的手法在对比映衬中不断加深古诗词的厚度。

　　《子衿》选自《诗经·郑风》。

　　《诗经·郑风》21首诗，多为爱情之歌。无论在语言还是在感情的坦率热烈程度上，女性都比男性大胆直率，她们真诚、热烈、多情、率真，用朱熹夸张的话来说就是郑诗"皆为女惑男之语"，这也正是郑国女子的可爱之处，敢恨敢爱。

　　　　青青子衿，悠悠我心。纵我不往，子宁不嗣音？
　　　　青青子佩，悠悠我思。纵我不往，子宁不来？
　　　　挑兮达兮，在城阙兮。一日不见，如三月兮。

　　"青青子衿"是一声最真的呼唤，深情、热辣。"子衿"指美好、整洁、知性、凛然。风流倜傥，儒雅翩翩，玉树临风，皎然少年。

　　"纵我不往，子宁不嗣音？"迷恋不已，久等不来，"纵""宁"张弛有道。

相对相闹相知相离相进相退，充满弹性、韧性、张力、魅力。

怨由爱生，怨深爱切。

第二章已由"悠悠我心"到"悠悠我思"，那悠长悠长的思念已挽住了整个春天、爱情与青春。"往"与"来"的冲荡，炽烈如火。

第三章由叙事转为抒情，先是动词"挑"与"达"，充满了动感与辗转俳恻，次之才是地点。"在城阙兮"，高高的爱情啊，高于生命与青春的爱情啊，眺望，望穿秋水，依然残缺。"一日不见，如三月兮"，夸张震撼，感人至深，守望在岁月里的爱情，飘零如花，流失如水。

对比映衬是一切文字艺术的不二法则，如何让《子衿》的人物和情感更清晰明亮？一定要"衬写之"。

第一层比较，相似越多越好，切口小些，加厚、加宽、加固。《诗经·郑风》中有十几首爱情诗，细细地甄别筛选，分别选取《狡童》和《将仲子》两首诗的第一诗节，让学生们自由自主地开展品评。

问题：《子衿》《将仲子》《狡童》中的三位女子分别具有什么性格？三位男子又是怎样的形象？（任选其一回答）

这一组对比阅读，可以加深对《子衿》、对"郑风"，进而对《诗经》的理解，思考先"聚"后"散"，教学因此宕开了笔墨，教学有了厚度。

"近"比加大了密度、厚度。其实程度还远远不够，一节课开合度不足，还是略显单薄。

古典诗歌鉴赏课，是要有西方诗歌的厚度的，选取俄罗斯女诗人茨维塔耶娃的诗与《子衿》再次对比。在大开大阖中，让学生感受东西方不同文化背景下的女子对爱情的不同表达。

《子衿》中抒情女主人公的被动忧伤，茨维塔耶娃笔下的俄罗斯女子的主动大胆，学生们阅读得很好，体会得很深。

（3）用"兴"的手法跳出诗词，反观诗境是增加课堂厚度的最高境界。

以诗解诗已经高妙，如果能以画解诗，能以乐解诗，以禅解诗，则是语文课堂教学的神来之笔。

引入十五世纪意大利画家波提切利一幅著名的油画《春》，设计这样的问题：根据《子衿》画一幅画，应该叫什么名字？好，叫"青"，十分精彩，然后让学生通过语言来描述叫"青"的画：抒情女主人公的衣衫应该是什么颜色的？为什么？画面用什么作背景？为什么？

课堂在不断地加厚、加宽、加广、加密。孩子们一遍又一遍地深入阅读这首诗，有了更加辽阔的联想与想象，有了兴发、感动与创造。

总之，古典诗词教学应该尝试运用赋比兴的手法。"赋"是铺陈，"比"是对比，"兴"是言在此而意在彼的感发，从而使古典诗词教学有深厚、有高度。

后记　诗意成长，感恩同行

2019年1月我终于在寒假前整理完书稿，心里有一丝满足与释然。

近三年，又讲了很多课，看了喜欢的书，思考了语文核心素养之于中学生、之于语文教学的意义，又经过了无数次的他问自问追问叩问："何为诗意语文？"

积累、沉淀、行走、静观，虽然永远不能抵达玉想琼思、宏观博识，然而在教书育人的生涯中，分明有那么几个瞬间在闪耀。

一

周五的晚课，我在高一（1）班讲唐代草圣张旭的诗，讲唐太宗的昭陵六骏，讲王羲之《兰亭集序》的欢乐与哀伤。高一（1）班的班主任是我多年前的学生，她带着她读小学六年级的女儿同来听课。诗歌、审美、沉醉、铁血野心、激战阳刚，历史人生与死亡交织着。小女孩和她的妈妈，一班52位我的学生们，我们一起浸润其中，感受诗与美的胜境。

下课铃响起，旁听的那个女孩意犹未尽，不甘地问："下个周五还有多远呵！"

这节课，班里最粗心的最不愿意回答问题的那个男孩子出色地回答了两个问题，其一便是关于他最喜欢的昭陵六骏之一的飒露紫："飒"，是飒飒的西北长风;"露",是晶莹而又转瞬即逝的美好;"紫",是紫电清霜,是忧伤的颜色,是对生命的礼赞。

那一瞬间,我们心灵飞扬,弦歌合鸣,我们坚信,诗意语文是关乎灵魂和生命的语文。

二

喜欢反反复复地读文本,喜欢"目透纸背,看深看透",喜欢在想象和联想的维度里把文本读薄又读厚,课堂教学的问题设计追求"智"与"巧"。喜欢重章复唱,一咏三叹,喜欢繁复地渲染。

不经意,有那么一天,终于可以简简单单地问出"是谁晓镜但愁云鬓改,又是谁夜吟应觉月光寒?"

那一瞬间,语文课堂单纯静穆,活泼热烈,完成了从繁到简的涅槃。

让我明白课堂的问题设计不必追难求曲抵深,甚至无须华美,只要能拨动学生的心弦,能够专注文本的文脉,就足够了。

三

诗意语文工作室有一个栏目是"中高考前沿",从我内心来讲,并不十分赞同开设这样一个栏目。我以为它离诗意太远,太功利,太烟火气。可是考虑到一线老师的需要,还是不得已开设,并苦心经营。栏目所涉范围从成语到阅读到作文,包括中高考的前沿问题、试题试卷的分析,栏目主持人倾尽心血与热情,把这个栏目打造得既科学又文艺,既脚踏实地又具前瞻性,凝结许多优秀同行的智慧的思考。但我一直存有怀疑,以为这不过是"技"与"术"而已。

某个周末工作室搞线上活动,"中高考前沿"栏目的一位老师在交流分享时说:"诗意语文就是要研究好中高考,为平民二代的孩子们的明天助力。"那一瞬间似醍醐灌顶。是呵，没有精准的中高考指导，那些平民二代，那些普通人家的孩子何以跳龙门，何以成为社会的精英！天地之间语文之上，不独有所谓的大道至理，否则是另一种愚昧，另一种褊狭。直面中高考，把每一道题都讲出实操性、规律性，在试题的精准解答中找到诗意语文的实用之美。

古希腊的毕达哥拉斯说过"万物皆数"，事物的性质是由某种数量关系决定的。万物都是按照一定的数量比例而构成和谐的秩序。"美是和谐"，诗意语文对中高考试卷的研究认知把握自有"数"渗透其中。

据说印象派大画家凡·高的画，无论是向日葵、星空还是麦田地，看似疯狂的色彩、杂乱无章的色块、个性张扬的线条，背后都是有着严格的比例、科学的运算、数量的基础的，诗意语文美的背后也有着强大的"数"的支撑、理的融合和哲思的期待。

四

诗意语文完成的是汉语对中国文化的传承，进而完成的是安顿心灵诗意地栖居。

诗意语文的愿景便是重现风雅，重塑诗的国度的芳华。

读齐邦媛的自传《巨流河》，让我感受最深的一个词就是"弦歌不辍"。

如果说绚烂的汉语、磅礴的中国文化是一阕挟天风海雨的交响乐，不论炮声隆隆遍地夕烟，还是盛世繁华莺歌燕舞，作为语文教师须秉持的那份职业操守，就应该是弦歌不辍。教育就是一场坚守，坚守的本身就充满诗意。春天，满树的碧绿；夏天，漫天的阳光；秋天，半山的醉红；冬天，万里的雪飘。坚持坚守，凝望凝视，俯仰飞扬，弦歌不辍。

邻班在做卷子，一遍又一遍，为周考月考期中期末。此时还是把朱自清郁达夫的散文再欣赏一下吧；鲁迅的杂文，那样的思想与风采是不应该在语文课堂上错过的。

当语文教师的教学之路只剩下了一条习题之路的时候，我们是否还敢于做一个堂堂正正的语文教师，尽我们的本职与天职？

那一瞬，汗颜！

五

诗意语文工作室周六有两个小时的线上活动，在工作室两个微信群错时播出，从话题的选定到主讲人员的选择均是自愿，22个栏目从经典悦读到文本解读，从班主任到中高考，从朗读者到校本研究……近三年来，无论寒暑还是节假日从未停止过。工作室的老师们来自全国各地，从城市到乡村，从江南到塞北，从高中到初中甚至小学，大家对教育对语文对诗意的执著与热忱，令人深深地感动。线上活动的讲授者倾智慧才华，聆听者专注思考即时互动。这样的瞬间，很美！

其实，在中国的基础教育的领域，在不堪重负的压力下，有那么多的教师，他们在诗意地成长。他们渴求内心的丰盈，渴求创造美的课堂，渴求成为优秀的教育工作者……

本书汇聚了近三年关于诗意语文理论建构、理性思考和教学实践的点点滴滴。三年来，诗意语文由一个人的思考变为全国各地九百多位语文教师的同行，并获黑龙江省基础教育教学成果一等奖、全国基础教育教学成果二等奖。诗意语文有了枝渐繁、叶愈茂的成长。

感谢那么多人给予的启迪与灌溉，感谢我的徒弟陆晶、林森，感谢我的研究生张贺对本书的推敲打磨，感谢那么多师长朋友的鼓励。诗意语文开放而富有弹性，愿我们用思考与实践竭才尽智不断丰富而完善之。

董一菲

2019.1.24

图书在版编目（CIP）数据

自由呼吸的课堂：董一菲的语文教学艺术／董一菲著．—上海：华东师范大学出版社，2019
ISBN 978-7-5675-9171-4

Ⅰ.①自…　Ⅱ.①董…　Ⅲ.①中学语文课—教学研究　Ⅳ.① G633.302

中国版本图书馆 CIP 数据核字（2019）第 083740 号

大夏书系·语文之道

自由呼吸的课堂
——董一菲的语文教学艺术

著　　者	董一菲
责任编辑	卢风保
封面设计	奇文云海·设计顾问
出版发行	华东师范大学出版社
社　　址	上海市中山北路 3663 号　邮编　200062
网　　址	www.ecnupress.com.cn
电　　话	021-60821666　行政传真　021-62572105
客服电话	021-62865537
邮购电话	021-62869887　地址　上海市中山北路 3663 号华东师范大学校内先锋路口
网　　店	http://hdsdcbs.tmall.com/
印 刷 者	北京东君印刷有限公司
开　　本	700×1000　16 开
插　　页	1
印　　张	13
字　　数	191 千字
版　　次	2019 年 7 月第一版
印　　次	2021 年 7 月第二次
印　　数	6 101—8 100
书　　号	ISBN 978-7-5675-9171-4/G·12070
定　　价	42.00 元

出 版 人　王　焰

（如发现本版图书有印订质量问题，请寄回本社市场部调换或电话 021-62865537 联系）